Weerklink van 'n wanklank

Memoires van toe en nou

deur
PIETER-DIRK UYS

Tafelberg

Tafelberg,
Eerste uitgawe in 2018 deur Tafelberg,
'n druknaam van NB-Uitgewers,
'n afdeling van Media24 Boeke (Edms.) Bpk.
Heerengracht 40, Kaapstad
www.tafelberg.com

Kopiereg teks: Pieter-Dirk Uys
Kopiereg foto's: Pieter-Dirk Uys, behalwe waar anders aangedui

Alle regte voorbehou
Geen gedeelte van hierdie boek mag sonder skriftelike verlof van die uitgewer gereproduseer of in enige vorm of deur enige elektroniese of meganiese middel weergegee word nie, hetsy deur fotokopiëring, skyf- of bandopname, of deur enige ander stelsel vir inligtingsbewaring of -ontsluiting.

Spotprent op p. 186 Gus Ferguson
Omslagontwerp: Anton Sassenberg en Marthie Steenkamp
Omslagfoto's: Stefan Hurter
Boekontwerp: Nazli Jacobs
Teksversorging: Anne-Marie Mischke

Oorspronklik gedruk in Suid-Afrika
ISBN: 978-0624-08694-9 (Eerste uitgawe, eerste druk 2018)

LSiPOD: 978-0-624-08821-9 (Tweede uitgawe, eerste druk 2018)
ISBN 978-0624-08695-6 (epub)
ISBN 9780-624-08696-3 (mobi)

Opgedra aan dáárdie glimlag
wat 'n wêreld help verander het

President   Republic of South Africa

March 1999

Dear Pieter

Thank you for you kind invitation to join you for part of your voter education journey.

Unfortunately, I am unable to accept the invitation due to the heavy demands currently placed on my schedule, but please convey to Mrs Bezuidenhout our sincerest appreciation for her tireless efforts to encourage supporters of all parties to register to vote so that they can make a success of the elections and strengthen our democracy.

I was happy to see that her new programme had already got underway and was proving to be the joyous success which her ventures always turn out to be - whether in service of the Bantustan policy or of our new democracy! And it was a delight to get reports of her appearance in Parliament.

We wish Mrs Bezuidenhout all success and assure her of our full support for this important campaign of voter education.

Yours sincerely

Mandela

N R MANDELA

Mr Pieter-Dirk Uys
Pieter-Dirk Uys Productions
17 Station Road
DARLING
7345

Inhoud

In die voorportaal	9
Kry die regte lig	13
Soek nat sand	19
Bring die nar te voorskyn	25
Die rolverdeling	33
Stel die toneel op	37
Weerklink van 'n wanklank: Die verhoogstuk	53
Uitloopmusiek tydens die eindtitels	173
Lig aan die einde van 'n krom tonnel	180
Opgedra aan nog 'n ou pel	183
Wie laaste lag	186

In die voorportaal

"Suid-Afrika behoort aan almal wat daarin woon, verenig in ons verskeidenheid."
– Die aanhef tot die Suid-Afrikaanse Grondwet

Ek het besluit om al die foto's in dié boek in swart en wit te druk omdat ek weet dat lesers se verbeelding dit sal inkleur – en omdat ek in 'n swart en wit land grootgeword het waar "slegs blankes" my lewe oorheers het, weerspieël dit een van die wegwysers in my lewe.

Ek sit op die rotse by Bloubergstrand en kyk oor die see na Robbeneiland. Tafelberg is daar, soos altyd, soos deur my ganse lewe, maar is tog met elke kyk anders. Soos 'n toneelstuk vir 'n nuwe gehoor, lyk die berg keer op keer nuut, vars en opdringerig, klipkaal in die son of toegetrek onder wolke. Dis die oomblik wat soos 'n weggooistelling op 'n T-hemp klink: die eerste dag van die res van my lewe – 11 Februarie 1990 – die presiese oomblik toe die voormalige gevangene 466/64, Nelson R Mandela, ná 27 jaar die laaste treë na vryheid deur die hekke van die Victor Verster-gevangenis (nou die Drakenstein Korrektiewe Sentrum) gestap het, hand aan hand met sy vrou, Winnie.

Die bekendste persoon in die wêreld sou binnekort my president word, demokraties verkies deur die burgers van my land. Op daardie dag het hy my bevry uit my persoonlike tronk van vooroordeel en vrees en op 27 April 1994 het ek vir die eerste keer in my lewe wettiglik saam met almal – absoluut álmal in die land – in 'n tou gestaan. Terselfdertyd het my loopbaan as politieke satirikus oornag, saam met apartheid, tot 'n skielike einde gekom. Maar net vir 'n paar dae. Nelson Mandela se sin vir humor het my aangespoor om te bly soek na die *mock* in *democracy* en die *con* in *reconciliation*.

Daarom begin ek my storie agter sodat mý groot trek almal kan vermaak en verlig met die wete dat daar wel 'n gelukkige einde wag. Só sal julle die kleiner wegwysers op my pad herken wat my saggies in 'n sekere rigting gestuur het, sowel as die groot rooi waarskuwingstekens van dood, vrees, terreur en glorie wat my gedwing het om 'n ander rigting in te slaan.

Dit was net deur 'n proses van onthou, naslaan en opgrawe dat ek my grootwordjare in 'n mynveld van agterdog en vrees kon herroep en kon sien hoe dit my karakter en persoonlikheid gevorm het. Om dié proses en energie op die verhoog oor te dra, is moeiliker as om enige van die tagtig-plus skelms, skarminkels en skepsels wat ek tot dusver losgelaat het, te speel. Ek is nie 'n maklike karakter nie.

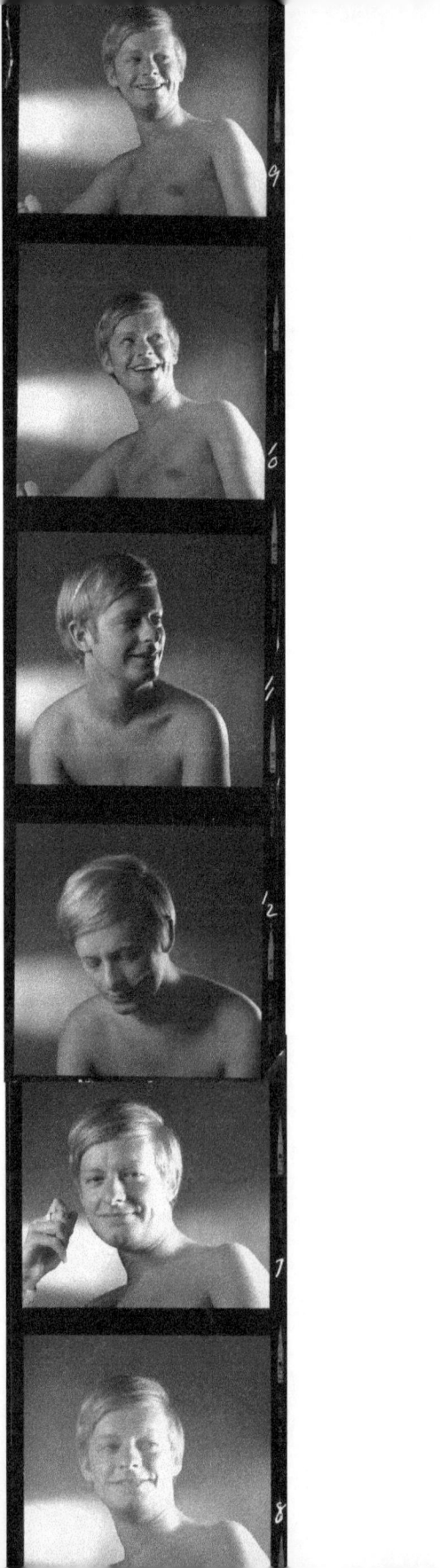

Kry die regte lig

Ek bou sandkastele wanneer dit laagwater is.

Dis wat ek moes geantwoord het toe hulle my vra: Wat doen jy nou eintlik? Maar ek het gesê ek skryf toneelstukke. Ek voer revues op. Mense sê dit is satiries, maar ek moet hulle ook vermaaklik maak en is daarom nie die beste voorbeeld van iemand wat met 'n vlymskerp tong almal afmaai nie. So, ja, ek skryf stories wat soms as 'n drama op 'n verhoog beland. Sommige is deur die vorige regime van afsonderlike ontwikkeling verbied, maar meestal eindig hulle op die studeerkamer se rak, in afwagting van die regte oomblik om wakker te word en hulle stemme dik te maak. Ek smokkel van my werk deur sosiale media op die internetsnelweg in waar hulle saam met biljoene ander lewens toevlug soek. Maar die kern van my passie is die sandkasteel wat ek bou voor dit weer hoogwater word. Besonderse strukture wat mense verruk en verwar en belangstelling ontlok tot die gety inkom en die water my skepping in 'n hoop nat sand en 'n vae herinnering verander. 'n Teateropvoering is een van die min inspirasies wat nog nie geblik of op 'n skyf geskryf of in 'n Wolk gestoor is nie. Dit gebeur direk tussen my lippe en jou ore.

Ek was in standerd sewe in Nassau-hoërskool toe die gogga my byt. Ons Engels-onnie, Miss Nel, het die klas na die Kleinteater in Kaapstad geneem om ons voorgeskrewe Engelse drama in lewende lywe te sien. Dit was *King Lear* deur William Shakespeare (lekker vir 'n Afrikaanse skool, nè?). Ons was meer opgewonde oor die treinrit in die aand Kaap toe, nie in skoolklere nie, maar aangetrek soos mense – en ons was nie op pad fliek toe nie, maar na 'n teater! Ons het tjoepstil en ongemaklik in die rooi fluweelstoele in die ouditorium gesit terwyl wit mense, opgetof en ernstig, hulle sitplekke om ons ingeneem het (onthou, dit was 1962).

Uiteindelik word die ligte in die teater gedoof en seil die groen fluweelgordyn met 'n gesis na bo voor dit heeltemal verdwyn – en daar verskyn die mooiste wêreld wat ek nog gesien het. Die ligte het soos sterre geskitter. Die groen, blou, rooi en geel kleure was dieper en ryker as in my drome. En die mense op die verhoog? Akteurs? Nee, hulle was gode en godinne in goue klere wat stadig, soos in 'n droom, beweeg terwyl hulle die storie van Koning Lear en sy dogters vertel in 'n taal genaamd Engels. *Shakespearean English*! Ek het nie veel verstaan nie, maar het presies geweet wat hulle bedoel. Ek het die meeste van Die Nar gehou, want ek het ook simpel dinge aangevang, en heimlik het ek Goneral se lang rokke ge*fancy*.

Daar was lords en ladies, prinse en prinsesse, konings en koninginne ('n gekloek van *queens*!). Toe hulle weer van die verhoog af verdwyn, het ek sommer geweet hulle is vinnig in 'n koets vort, op pad na 'n ander kasteel om reg te maak vir die volgende slag in hierdie drama oor ou oom Lear. Ek was nog onbewus daarvan dat akteurs wat pas die verhoog verlaat het eintlik agter die stel op 'n stoel gaan sit, 'n sigaret aansteek en onder mekaar brom: "Jissis, dis 'n kak gehoor!"

Iets moes my bygebly het, want toe ek klaar is met skool en my nege maande militêre diens, is ek na die Universiteit van Kaapstad om 'n graad te verwerf. Iets om op terug te val. (Sê mense dit nog? Wanneer gaan ons kinders eerder begin aanspoor om 'n graad te kry waarop hulle *vorentoe* kan val?)

Wel, ná vier jaar het ek uiteindelik my BA(Drama) gekry, moontlik die nutteloosste ding wat ek op my naam het. As jy op die verhoog staan, vra niemand om jou graad te sien nie. Jy kan dit doen, of jy kan nie. Daar is geen regstellende aksie in teater nie, g'n BEE nie. Net *do* – doen. Soos Noël Coward gesê het: *"Speak clearly and don't bump into the furniture!"* Ek wens ek kon jok en sê dat ek alles wat ek van die teater weet op universiteit geleer het, dat ek die lesings bygewoon het, in die biblioteek gestudeer het en nie drolletjies na die standbeeld van Cecil John Rhodes gegooi het nie. Maar nee. Ek het alles wat ek van die teater weet, geleer terwyl ek in die laat 1960's kaartjies by die Hofmeyr-teater geskeur het.

Bedags was ek student, maar saans was ek daar – in my pikkewynpak met 'n strikdas en netjiese kuif – om die kaartjies van die wit teatergangers te skeur en te beduie waar die wit mense se toilette was. Wanneer die drama begin het, het ek agter in die donker gestaan en die hele toneelstuk gekyk. Elke aand, soms sewe keer 'n week, dikwels vir 'n drie weke lange speelvak. Dieselfde stuk oor en oor? Ja, maar dit was nooit dieselfde stuk nie, want elke aand was daar 'n ander gehoor. Die energie was vars, die gelag anders (en op ander plekke) en die hele dramatiese aanslag het met elke opvoering verander om aan te pas by die nuwe gehoor wat oorgehaal sit om los te trek met wilde applous wanneer die gordyn finaal sak. Dit was my eerste les in sandkastele bou wanneer die gety teruggetrek het.

Daar was ek plekaanwyser en programverkoper. Nou is ek plekaanwyser, verhoogbestuurder, dramaturg, satirikus, fopdosser (vir dié wat nie besef dat die woord "akteur" is nie), reklameagent en optimis, en steeds geboei deur drama. Elkeen van die seweduisend keer wat ek alleen op die verhoog verskyn het, het gevoel soos die eerste en die laaste keer. Hoekom? Want die mense wat sit en kyk en luister, is net so "lewend" soos die drama en oorgehaal om te gaan waar die storie hulle ook al lei. Hulle is gelukkig om die avontuur te deel, trane te stort, lagpyn te verduur en die wêreld met al sy haat te vergeet. Wanneer die groen gordyn finaal sak, is hulle versadig en verkwik, gereed om weer in die realiteit te verdwyn. Hulle dra die herinnering en betowering met hulle saam en vertel ander daarvan, selfs mense wat nooit die passie en opwinding heeltemal sal verstaan nie.

Dus: "Pieter-Dirk Uys, wat doen jy nou eintlik?"

Soek nat sand

My nuutste sandkasteel het 'n naam gekort en het met 'n Engelse titel begin. *The Echo of a Noise*. Die weerklink van 'n wanklank. Maar wat beteken dit? Is ek die weerklink van 'n wanklank uit die verlede? 'n Gister-gees wat vasklou aan die wrak van 'n politieke passasierskip wat in 1994 op die rotse van verandering geloop het? Of is ek die eggo van daardie gister se rommeling wat homself slim herskep vir die toekoms? Ja, dit alles en nog meer. In Afrikaans, my moedertaal, het al dié dinge my nog nader aan die hart gelê. Maar wat moet dit wees? 'n Satiriese revue? Kan dit in boekvorm betekenis vind? Of is dit net nog 'n outobiografiese Groot Trek die bekende onbekende in?

Ek het reeds twee memoires uitgegee. Die eerste was *Elections & Erections – A Memoir of Fear and Fun* in 2002 deur Zebra Press gepubliseer. Verkiesings was toe deel van die proses van grootword in die wit paradys genaamd Suid-Afrika, en die "ereksie-seksie" het gehandel oor 'n nuwe virus waarvoor daar destyds nog nie 'n teenmiddel was nie. Apartheid was die eerste virus wat ek in my lewe moes beveg;

MIV die tweede. In 2005 was *Between the Devil and the Deep – a Memoir of Acting and Reacting* op die rakke. Dié keer was die fokus op my lewe in die teater – die skryf, vervaardiging en opvoering van dramas in die twee wêrelde wat my lewe vorm, die afsonderlike ontwikkeling van gister en die ongebonde vryhede van vandag.

Natuurlik het my musikale gesin hoofrolle in albei beklee. My pa, Hannes Uys, en my ma, Helga Bassel, hand aan hand met Mozart, Schumann en Chopin, asook twee oumas, een 'n Afrikaanse matriarg en die ander 'n *gemütliche Deutsche Oma*. Daar was een oupa wat ek vaagweg onthou en 'n suster – Tessa – wat die Jin tot my Jang geword het, die begeleiding vir my lied. Saam het ons ge*bang* en baljaar, baklei en gebraai in ons ineengevlegte kultuurkoeksister van Afrikaans, Engels en Duits.

Ek wou nie die paadjie deur die mynveld vol herinneringe loop nie, maar soos alte dikwels wanneer jy iets beplan, gebeur die teenoorgestelde. Ná die verkenningsreis deur foto's, familiealbums, briewe en bedoelinge, het ek begin skryf oor twee mense wat my vertelling ongenooid binnegesluip het. Die een is 'n kleurryke, komplekse, soms mistrieuse man – my pa. Ons verhouding was ingewikkeld en verward. Ons het gedurig gebots. Dán was ons maats, dán was ons in 'n skermutseling met mekaar. Die ander is 'n vrou – parmantig, teer en wys. Nie my ma nie. Sannie Abader het saam met ons geleef, onder die banier van huishulp en wat-sou-ons-sonder-haar-doen. "Die Uyse se meid." Sy het dekades van haar lewe met ons gedeel en het 'n onherroeplike invloed op my ontwikkeling as jong mens gehad, eers as Pietertjie Uys en later as Suid-Afrikaner. Hierdie twee mense het na vore getree uit die magdom byspelers wat my ondersteun en help sin maak het van die wanklanke in my lewe.

Ek het met opset besluit om hierdie reis sonder die Tannie aan te pak. Evita Bezuidenhout is vir so lank my alter ego dat sommige mense dink ek kan niks anders doen nie. Ek sal nie stry nie. Die gans wat die goue eiers lê, sal nie sommer in die pot beland nie. Maar daar is ander geluide wat deur my lewe eggo. Musiek is nooit 'n wanklank nie; dis eerder die klankbaan van my lewe. Dit is my eerste inspirasie. As ek die regte musiek in my kop kan speel om die perfekte atmosfeer te skep, is enige storie moontlik – en welkom. Vir dié sage kies ek die werke van Brahms, Schumann, Scarlatti en Liszt met hier en daar 'n lied deur Mimi Coertse. Ek het deur die jare ontsaglik baie klassieke musiek leer ken, maar kan selde my vinger op die naam van die komponis of die stuk lê. Dis die storie van my lewe en bewys dat die sambreel van 'n bietjie kennis jou in 'n stortreën kan droog hou. Dis in musiek dat die asem van die lewe weerklink. Die een kan nie sonder die ander bestaan nie.

Maar dié sandkasteel het nie plek vir die bekendste wit vrou in Suid-Afrika nie. Sy en haar geleende diamante is nie welkom in dié toring nie en sy sal hulle nie hier flits om die oog van die ridders van die Orde van Amandla op hulle wit perde (of in hulle nuwe Mercedesse) te vang nie. Dit is PDU sonder die grimering! Sonder enige rekwisiete, vals wimpers of hoë hakke om agter weg te kruip. Die eggo's wat ek hier laat hoor, sal vir die eerste keer gehoor word. Laat ek dus eers vriendelik mevrou Bezuidenhout afhandel.

Bring die nar te voorskyn

"Uys dons false eyelashes and presidents listen." Só skryf die *Los Angeles Times* in 2004, 'n bewys dat sy bestaan hoewel daar nie werklik iemand soos Evita Bezuidenhout is nie. Ek kry sommer lekker as ek dink dat, ná amper veertig jaar se baljaar op hoë hakke, dié skepping van my verbeelding 'n legende is. Dit was geensins die plan nie. In die vroeë 1980's was sy net nog 'n karakter in 'n konsert, sonder naam, een in 'n koor van politieke aikonas. Sommige was gebaseer op vlees en bloed, ander slim vermom om binne die raamwerk van wet en orde te bly, want almal het steeds in sensuur geglo, iets wat meer geslaagd was as wat enigiemand ooit kon voorspel het.

Anargie was my enigste uitweg – seksuele verwarring, sosiale stereotipering, etniese kleurgewing, alles met 'n tikkie onwelvoeglikheid, godslastering en kulturele terrorisme. Met ander woorde, enigiets waarvan die ooms en tannies (en my pa) nie gehou het nie. Dit het gehelp dat dié banket opgedis is deur 'n bekende sosiale vlinder in elegante hof-

1981: Die vrou van die LV vir Laagerfontein,
mevrou Evita Bezuidenhout.

skoene wat haar gaste herinner aan 'n gevreesde skoonma, 'n kwaai onderwyseres of dalk hulself. Die feit dat dit in daardie jare van beheer en reguleer onwettig was vir mans om vroueklere te dra, het gesorg dat ekstra adrenalien in die gehoor se are bruis. Ek het nooit kans gehad om te toets hoe dit 'n akteur se werk raak nie, maar het dié beperking nogtans geesdriftig uitgebuit.

Uit 'n praktiese oogpunt het akteurs 'n verkleurmannetjieagtige talent om elke foefie en truuk in hulle boek van geheime te gebruik en hulle stemme, gesigsuitdrukkings en vermomming in te span om in 'n karakter te verdwyn. Die teatergrimering waarmee ons op dramaskool moes werk, was in buise wat soos vet sigare gelyk het en elke skakering was genommer om hier te verhelder en daar skadu te skep voordat donker en lig met 'n versigtige laag poeier ingeskakeer is. Dit het ure gevat terwyl ons soos gediertes onder die dik verhooggrimering sweet. Ek onthou nog hoe ek my soos Laurence Olivier se Mahdi in die rolprent *Khartoum* opgemaak het, met 'n donker vel, woeste blik onder 'n paar vals wimpers en 'n wit handdoek om my kop gedraai. Toe kom die sexy, verlepte oë van Marlene Dietrich met haar sorgvuldig ingekleurde wondrooi lippe. Wangbene is uit die niet opgetower. Ek het opgetree met vals neuse, kort hare, lang hare, vlegsels, snorre, baarde, littekens en sproete. Net omdat ek kon, het ek my oë ingekleur dat hulle soos katoë lyk en my vol rooi lippe in die spieël soos die Italiaanse filmster teen my kamermuur getuit.

Evita Bezuidenhout het haar naam by twee mense gekry. In 1978 het die redakteur van die *Sunday Express* my gevra om 'n weeklikse rubriek te skryf om die mallemeule van die Inligtingskandaal se politiek met humor uiteen te sit. Nuusberigte moes destyds, in die dae voor twiets en televisieflitse, op koerantvoorblaaie staatmaak en dié is dikwels gesensor. Toe skep ek 'n Afrikaanse dame wat een keer 'n maand by 'n opskop in Pretoria haar geliefde Nasionale Party verheerlik met flou, lomp lof. Die redakteur het my ingeroep. "Hoe is dit dat jy wegkom met sulke dinge wat ek nie eens op die voorblad kan plaas nie?" het hy gestoom. "Daardie vrou is waarlik die Evita van Pretoria." Dit was die tyd van die musiekblyspel oor die lewe van ene Evita Perón. Ek het 'n biografie van dié merkwaardige monster gelees en daar en dan die bloudruk vir my eie ikoon gekry.

*Die Suid-Afrikaanse ambassadeur
in die onafhanklike swart tuisland van Bapetikosweti
(1981-1993).*

Evita ontmoet Nelson Mandela by 'n ANC-saamtrek in Retreat net voor die 1994-verkiesing. Sy, geklee in haar oranje, blanje, blou Voortrekkerrok, het vir hom 'n bak koeksisters gegee. (Foto: Benny Gool)

In my eerste eenmansvertoning, *Adapt or Dye,* het my Evita in 'n pienk tabberd verskyn, met 'n pelsjas en groot Marie du Toit-hoed bo-op 'n serp wat versigtig soos 'n tulband om haar kop gedraai is. Oornag het dié gesig bekend geword en was sy die teiken van 'n geskinder en gesis. Ek het gou besef dat ek met haar gladde bek baie verder kan gaan in my kritiek op die samelewing, juis omdat sy aan "die vyand" se kant was. Daar was net een voorskrif: Moet nooit nulle bylas vir effek nie. Hou so na moontlik aan die waarheid; minder Van der Merwe-grappe en meer Botha-aanhalings. Toe Barry Hough my een aand tydens 'n onderhoud vir *Rapport* in die voorportaal van die Markteater vra wat Evita se van is, sien ek 'n plakkaat teen die muur agter hom. Dit was vir *The Seagull* met Aletta Bezuidenhout. "Bezuidenhout," het ek geantwoord, asof dit algemene kennis is.

Tannie Evita is gebore as 'n karikatuur van 'n tipiese volksmoeder, maar soos haar beroemdheid uitgekring het, het almal gou besef dat daar meer in Evita steek as 'n tradisionele tannie. Sy is 'n vrou met 'n opinie, elegant en modern, wat nie net in parfuum, haarkappers of supermarkte belangstel nie. Het sy kinders? Wat is haar politiek? Wat dink sy hiervan? En daarvan? Die media was verbaas oor haar humor, gemeng met 'n tikkie boerewysheid. Ná amper veertig jaar van babbel en blerts, het sy meer as genoeg opinies oor gister, vandag en môre om ure lank te praat. My grootste verpligting teenoor haar is om 'n dieet te volg sodat die vroue in die gehoor 'n vrou sien en die mans vergeet van die man in die rok.

Die feit dat Evita nie van my gehou het nie, was 'n bonus. Sy kon na my verwys as 'n skandvlek op die volk, 'n man wat vroueklere dra. Om nie te praat van die vieslike dinge wat hy op die verhoog oor haar en die regering kwytraak nie! Sy het glad nie 'n sin vir humor nie en verstaan doodeenvoudig nie ironie nie, wat haar nog meer herkenbaar maak, nie net in Suid-Afrika nie, maar waar sy ook al in die wêreld optree. Die meeste van ons het al met so 'n skepsel te doen gehad. Soos vir haar naamgenoot in Argentinië, is dit ook nie nodig om 'n traan vir haar te stort nie.

Evita met Aartsbiskop Desmond Tutu. Hy noem haar Ousie!

Noudat sy in haar tagtigs is (sy sal altyd tien jaar ouer as ek wees), is mevrou Bezuidenhout 'n lid van die ANC en kook sy versoeningsetes in Luthuli-huis waar sy almal op dieet geplaas het. Haar drie kleinkinders (nieblank) is haar inspirasie en die rede waarom sy glo dat ons moet onthou waar ons vandaan kom sodat ons saam die toekoms kan vier – iets wat sy met oorgawe vir almal vertel. Sy het ook my enigste mondstuk geword om die *state of the nation* te kritiseer sonder om 'n vloed van verwoede #haatspraak te ontketen. Ek probeer om nie 'n wit mond te wees wat swart optrede afbreek nie. Die gebruiklike reaksie op wit kritiek is om dit geïrriteerd as wit geraas af te maak. Wanneer dit van Evita kom, styg dit egter bo die gedruis uit. Dan wil die burgers saamspeel. Hoe kan jy aanstoot gee as jy nie bestaan nie?

Nelson Mandela het haar altyd geniet. Indien daar een goeie rede vir haar bestaan was, was dit haar vermoë om hom te laat lag. Ek is dikwels na fondsinsamelings en etes genooi om vir my vyftien minute van roem op hoë hakke die nuutste oppergode op die Olimpus van mag te vermaak – Oprah, Bill Clinton en Koningin Beatrix van Nederland. Een aand het Evita en Madiba 'n oomblik langs mekaar op die rooi tapyt gestaan. Deur saamgeperste lippe het ek gefluister:

1994: Evita en Cyril Ramaphosa vang vis in die ou Noord-Transvaal.

"President Mandela? Every time you see me, I'm dressed as Evita Bezuidenhout." Hy't met 'n glimlag geantwoord: *"Don't worry, Pieter, I know you're inside."*

Evita groet vir Nelson Mandela by FW de Klerk se 70ste verjaardagdinee met FW en Elita de Klerk en Desmond Tutu op die agtergrond.

My pa, Hannes (Johannes Dirk Jacobus) Uys (9.12.1906 – 21.12.1990), en my ma, Helga Maria Bassel (2.7.1908 – 25.6.1969).

My suster, Tessa (Theresa Hannelore) Uys (geb. 11.8.1948).

Die rolverdeling

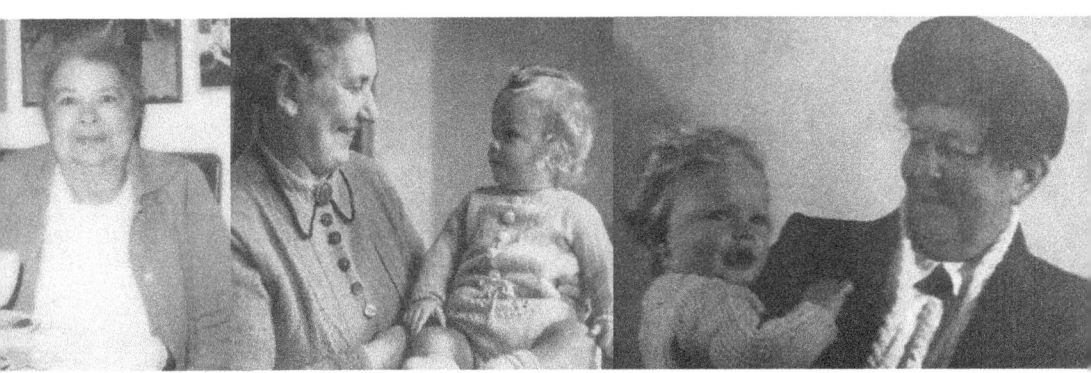

LINKS NA REGS.
Susanna (Sannie) Abader (28.9.1918 – 25.7.2004), my Kaapse Vlakte-ma.

My ma se ma, my ouma Theresa Bassel (1.4.1880 – 24.10.1960).

My pa se ma, my ouma Gertruida Leonora (ant Gertie) Uys née Malan (22.9.1872 – 27.8.1964).

Die foto's in dié boek het my gehelp om die storie binne te nooi. Die mense daarop se lyftaal vertel my meer as die name en verduidelikings wat soms agterop 'n kiekie gekrabbel is. Oë wat stip staar, gespanne glimlagte, gebalde vuiste en ongemaklik gedraaide voete verklap dikwels meer as wat die lede van die gesinsgroepering van moeder, vader en kinders sou wou hê. Spanning en verveeldheid het dikwels die bevel: "Glimlag, almal!" weerspreek. Soos stukkies van 'n legkaart het die foto's op die eetkamertafel gelê. Soms is een hiernatoe geskuif en 'n ander daar geplaas, van kleintyd tot tienerjare, van goue kuif na bleskop-kaalkop. Elke hopie is belangriker as die vorige tot die volgende pakkie met sy storie reg lê. Benewens alles kon ek nie besluit waar om aan die sandkasteel te begin bou nie. Die buitemure? Die binneplein? Die gordyne? Die kat? Waar begin jy 'n sandkasteel bou? Dit moet wees met Sannie.

"Wat sou tog van ons geword het sonder ons meid?" was 'n refrein in die meeste wit huishoudings in daardie jare. Tessa en ek sou ons nie 'n lewe sonder Sannie kon voorstel nie. Sannie se stories alleen sou honderde bladsye kon vul, van die drama toe ons 'n verkleurmannetjie in haar bed gelos het tot die aande toe sy ons ge-*babysit* het wanneer Ma en Pa 'n film in die Pinewood Cinema gaan kyk het, waar films met subtitels vertoon is. Sannie het dit oorsese films genoem. Ek en Tessa sou in ons pajamas saam met Sannie en haar twee vriendinne wat ook in Pinelands gewerk het en gereeld kom inloer het aan die eetkamertafel sit. Ons het dominoes gespeel, nie rustig soos wit mense nie, maar met wilde opgewonde gille tussen die harde neerklap van die dominoes op die houttafel.

Ek vind toe tussen al die goeters 'n bladsy waarop ek in 'n kinderlike handskrif in 1961 aan myself geskryf het. (Nogal in Engels, dalk 'n teken dat dit amptelik was; Afrikaans was altyd die taal van genot en vreugde vir my.)

Herewith I wish it known that the period from 8 February has been unbearable – having to work all day and not being able to manage it. I worry about so many things. Doing cadets at school worries me because I'm scared my uniform won't be clean enough and that I might do something wrong. I always see that my uniform is very clean. All my homework is terrible – there is never something to look forward to. Now Ma is sick, Oma [Bassel] also, and both in hospital. Pa is also unhappy and only Tessa understands what's happening. Sannie is bedon***d, but strangely can be handled for a change. I worry about everything, about every possible stupid pointless unnecessary thing – just about everything. I can't sleep because I worry so much about everything. It's making me quite sick. Now the concerts lie ahead, also the work for the [school] bazaar and sport and I really don't know how I can manage everything, but we must just see what happens and hope for the best. (Signed) Pieter Dirk Uys.

Ek besef nou eers werklik hoe diep die bang in my lewe geloop het, hoe ek my oor alles en nog wat bekommer het. Dit het amper 50 jaar geduur voor ek besluit het om die p-woord te gebruik om vrees te beveg: pret! En dat die geluid wat weerklink nie net 'n wanklank hoef te wees nie, maar dat dit ook 'n geproes van plesier kan wees. Elke sepie het sy sterre. Elke drama draai om die karakters se emosies. Elke komedie het 'n nar. Nou weet julle wie van die lede in die orkes was wat die *concerto grosso* van beskerming om my gespeel het.

*Die adres wat ek as kind gegee het: Homesteadweg 10, Pinelands,
Kaapstad, Suid-Afrika, Afrika, Die Wêreld, Heelal en Verder.
My kamer is die een met die venster links bo.*

Stel die toneel op

Dit het gekrap en gesuis, nog voor die kind se stemmetjie die hoogste C gevat het. Die naam van die ding was mos langspeelplaat, nie solus sewe of 'n 45 rpm-plaat met ekstra snitte nie, maar 'n regte LP wat meer as vyftig minute lank aaneen kan speel. Die seun met die sopraanstem was nie 'n lid van die Weense Seunskoor nie; dit was ek! Die plaat se kartonomslag met die titel *Die Heer is my Herder* het op die tafel gelê met Pietertjie Uys se gesiggie pragtig groot teen 'n blou agtergrond daarop.

Dit was eintlik nie Pa wat die begeleiding gedoen het nie. Dit was Ma. Helga Bassel het uitgehelp, want Hannes Uys was te besig om alles te doen: Hy moes afrig, hy moes organiseer, hy moes dit doen en hy moes dat doen. Toemaar, was Ma se kalmerende woorde, "I'll do it." Ek was meer ontspanne wanneer sy my begelei. Pa het altyd op my geskree. Ma het net geglimlag.

Die Uyse – ek, Ma, Pa en Tessa – sit tjoepstil met ons oë vasgenael op die grammofoon, 'n groot, blink donkerhoutkis wat ook die radio huisves en die parkeerplek is vir al Pa se kosbare, breekbare plate met klassieke musiek, ernstige opera en die gebruiklike gewyde oratoria. En nou ook Hannes Uys se Kindersang-kring!

Wie sou kon dink dat langspeelplate in ons leeftyd iets van die verlede sou word? Dat dit sal plek maak vir die d-woord: digitaal? Maar in 1959 het dié moontlikheid nie bestaan nie. Beslis nie in Homesteadweg 10, Pinelands, daar waar die Uyse gewoon het nie.

Baie Afrikaanse wit mense het seker 'n spesiale plek waar ons veilig grootgeword het, waar ons drome as ambisies ontwaak het en waar ons lesse geleer het, soms op die harde manier. Vir sommige was dit 'n boereplaas; vir ander 'n Withuis. Vir ons was dit Sonskyn, 'n dubbel-

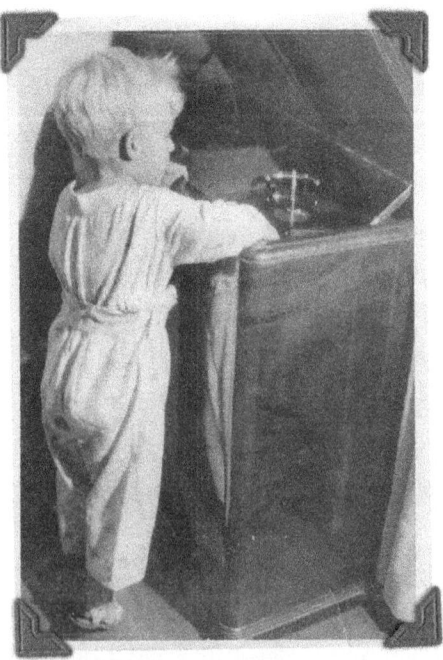
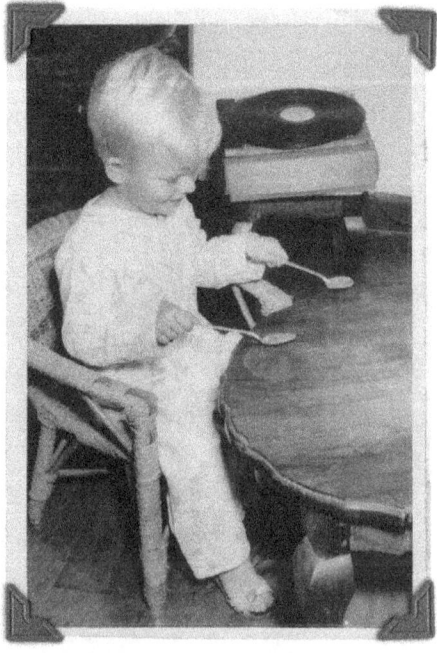

My eerste toorkis, die grammofoon wat ek versigtig kon gebruik om na my eie 78 rpm-plaat Peter and the Wolf *te luister. Die twee soplepels as begeleiding was opsioneel.*

1958: Die eerste LP as bewys van Pa se prestasies –
Die Heer is my Herder *met die Maria Callas*
van die koor op die omslag.

Dis Kersfees *het in 1960 verskyn.*

verdiepinghuisie met 'n grasdak soos dié wat jy dikwels in Britse rolprente sien. Die tuiste van Ma, Pa, Pieter, Tessa en Boeboe die kat, met Sannie in die buitekamer. Pa het die huis in 1949 gekoop, met geld wat hy by 'n ryk neef geleen het. Elke maand het hy dit uit sy salaris afbetaal, insluitend die wrede rente. Dié oom was sekerlik een van die rykste lede van die Afrikaner-Broederbond. Miskien was dit die begin van my afkeer van alles wat hy verteenwoordig het. Ek onthou die ongemaklike middagetes in die groot herehuis wanneer die Uyse in pakke en pêrels saam met hom en sy derde vrou aangesit het. Ons moes dankbaar wees en ons plek ken terwyl Pa homself oor en oor verneder om te wys hóé dankbaar hy is. Dit het my groot genot gegee om later die skuld en uitgawes van Sonskyn oor te neem. Maar hokaai, eers moet ons 'n hele paar oorvol riviere oorsteek.

Ek kan nie onthou of ek senuweeagtig was om na die plate te luister nie. Die eerste plaat kon jy nie miskyk nie: Pietertjie Uys met sy engelglimlag, iets wat hy vinnig aangeleer en dikwels gebruik het. Die omslag van *Dis Kersfees* wys die hele kindersangkring saam op die kerk se balkon met die orrel met die silwer pype op die agtergrond, soos sipresse in 'n begraafplaas. Pa sit voor die orrel en maak asof hy speel. Ons kinders staan gevries, bekkies oop soos honger witogies, oulik en rein, want Liewe Jesus het ons dopgehou terwyl die Heilige Gees sy voet liggies stamp en die duiwel weghou . . .

Ons oefen in die sitkamer om Pa se klavier. Heel voor langs Tessa is klein Laurika Rauch.

Die konsertprogram van die uitvoering in Bellville se NG kerksaal op Saterdag 19 Augustus 1961.

PROGRAM

1. KOOR
   1. Hemelse Vader—*Bizet*
   2. Ek wag op die Heer—*Mendelssohn*
   (Soliste: Pieter Uys en Peter Cheverton)

2. KLAVIERSOLOS
   Tessa Uys (12 jaar)
   1. Solfigietto—*Bach*
   2. Die Klein Wit Donkie—*J. Ibert*

3. KOOR
   Laudate Dominum—*Mozart*
   (Solis: Pieter Uys)

4. VIOOL EN KLAVIER
   Peter Cheverton en Tessa Uys
   Sonate in E in Twee Bewegings—*Händel*

5. KOOR: VYF KERSLIEDERE
   1. Oor die berge waai 'n wind (Tirol, 1840)
   2. Kersnagtigal: Pieter Uys en Peter Cheverton (Duits, 1760)
   3. Dit word nou al donker (Ober Hessen, 1820)
   4. Maria en Jesus: Pieter en Tessa Uys en Peter Cheverton (Duits, 1250)
   5. Cantus Pastoralis (in Latyn)—*J. von Herbeck*

PAUSE

6. TRIO
   David de Villiers (Klavier), Peter Cheverton (Viool) en Tessa Uys (Tjello)
   Sigeuner Rondo—*Haydn*

7. KOOR: VIER VOLKSLIEDERE
   1. Ierse Volkslied: The Last Rose of Summer
   2. Duitse Volkslied: Alle Vögel sind schon da
   3. Franse Volkslied: Au Clair de la lune
   4. Napolitaanse lied: Tirritomba

8. KLAVIERSOLO
   David de Villiers
   Marionette—*Grovlez*

9. KOOR: VYF GHOMMALIEDJIES
   1. Die Sop
   2. My Mamma het 'n Hondjie
   3. Jan Viljé
   4. Oom Jakhals
   5. Ou Galima
   (Op die Ghomma—David)

10. KLAVIER DUET

11. KOOR: TWEE WIEGELIEDERE
    1. Sluimer, Sluimer—*Schubert*
    2. Slaap nou my Prinsie—*Mozart-Fleiss*

Pa het altyd trots en tevrede gelyk wanneer hy na die vrug van sy arbeid, dissipline en aandrang op perfeksie geluister het. Ma het aandagtiger gesit en luister met haar effens skewe glimlaggie, versigtig om nie krities te wees nie. Daar het dikwels verkeerde note in Pa se begeleiding opgeduik en ons kinders het lustig vals gesing. Maar dit was die eerste keer dat 'n Afrikaanse kinderkoor geestelike liedere uit Boheme (vandag deel van die Tsjeggiese Republiek), Duitsland, Oostenryk, Nederland, Pole, Portugal en Brittanje aangepak het – in Afrikaans, vertaal deur oom Hannes Uys en begelei deur oom Hannes Uys. En is dit 'n stukkie Mozart daardie? Wat van die ander oulike liedjie? Is dit Latyns wat ek daar hoor? En Duits! Maggies! Alles met oom Hannes Uys as dirigent. Verbeel jou!

Nog 'n konsert, dié keer met orkesinstrumente, voor die Epworth-musiekvereniging.

Pa se koor vir grootmense in die NG kerk, Parow.

Pa se stories het my verbeelding laat vlamvat en alles het altyd in kleur in my gedagtes afgespeel, al was die meeste films in my kleintyd in swart en wit. Soos die baie avonture van Hannes en sy twee susters, Hannie en Anna, veral die keer toe hulle hulle sakgeld bymekaargesit en hulle streng gelowige ma genooi het om saam bioskoop toe te gaan vir die middagvertoning. Gertie Uys was 'n teenstander van sulke goddelose invloede en vir haar was die bioskoop die voorportaal van die hel, maar die kinders was so oulik dat sy nie kon nee sê nie.

Sy het seker gebid dat die dominee haar nie sien nie en het dwarsdeur die cowboy-fliek gesit en sug. Maar die *serial* was 'n ander storie! Ten spyte van haar afkeer en haar morele standaarde, het sy daarna die kinders elke week teruggestuur met streng instruksies om te gaan kyk hoe daardie onwelvoeglike vervolgverhaal ontplooi.

Om te verduidelik waarom hy so lekker jazz uit die klavier kon toor, het Pa ons vertel van die danse waar hy en sy orkes tydens sy studentejare aan die Universiteit van Kaapstad gespeel het. Ons was baie beïndruk, hoewel ons nooit uitgevind het of hy ooit sy graad

Pa se jazz-orkes.

gekry het nie. Hy het ook vertel hoe hy in die vroeë 1930's per skip Engeland toe is en daar 'n filmkontrak aangebied is deur niemand minder as Ivor Novello nie! Of was dit Noël Coward? Miskien albei. Dit maak nie saak nie.

Die groot jammerte was dat sy ma haar voet neergesit en haar seun beveel het om dadelik huis toe te kom. Hoeveel keer het hy my nie daaraan herinner dat hy sy film- en toneelloopbaan prysgegee het om 'n gesin te hê nie? Veral net voor 'n openingsaand. Sy talent vir stories vertel en die manier waarop hy hulle altyd vars gehou het, het bewys dat hy 'n goeie akteur sou gewees het.

Die Uys-gesin van die Paarl in 1912: Tielman Marais en Gertie Malan Uys met Johanna (Hannie) langs haar pa, klein Anna op die stoeltjie en Hannes, die enigste seun, op die hobbelperd.

Ons het 'n tyddeelplot in die Paarl. Dis in die begraafplaas langs die Bergrivier. Die meeste van die familie is al daar. 'n Grafsteen vir Hannes Uys en Helga Bassel. Pa se ouers, Tielman en Gertie. Sy suster, Anna. Sal ek en Tessa ook eendag daar spook? Wie weet? Pa se pa was 'n ingenieur in die Paarl gedurende die Eerste Wêreldoorlog, dalk een van die eerstes. Hy't 'n motorfiets gehad en het met sy seuntjie agterop op die gruispaaie na die plase gery waar hy dorsmasjiene – toe 'n nuwigheid – reggemaak het.

Die Uyse het ook, volgens Pa, die eerste kar in die Paarl gehad: 'n Maxwell. Hulle't langs die Toringkerk gewoon waar klein Hannes op 12 begin het om elke Sondag die diens op die groot orrel te begelei. Sy bene kon nog nie die pedale bereik nie en sussie Anna moes hulle op die regte noot met die hand afdruk.

Pa het sy stories oor en oor vertel en elke keer 'n ander afdraai gevat waar nóg groter wonders en verrassings op ons gewag het. Veral die een waar hulle drie in die droë rivierbedding onder in die dorp gespeel het en amper dood is. Amper, ja, maar die detail was altyd 'n variasie op die tema. 'n Vloedgolf het soos 'n tsoenami op hulle afgekom en die water het soos donderweer gerammel. Of ontplof soos Vesuvius. Of dit het gevoel of die wêreld vergaan. Maar hulle het elke keer net betyds ontsnap.

Ons het hom altyd gevra om hierdie storie vir ons vriende te vertel, net om te sien hoe dit dié keer gaan eindig. Sy manier van aanlas en uitbrei was 'n talent waarvan ek iets geërf het. Slim borduursels kan aanleiding gee tot 'n *War and Peace*, of die erfenis van ene William Shakespeare.

Ek was van vroeg af bewus van Uncle Jack. Pa het dikwels gepraat van sy beste vriend met wie hy 'n woonstel gedeel het. Hy het meermale gesê dat dit 'n wonderlike tyd in sy lewe was, dat hulle twee baie opwindende dinge gedoen het. Gereis. Gelag. Gelukkig was. Saam. Dan het Ma net aanhou brei, met dieselfde belangstellende glimlag waarmee sy altyd stories oor Uncle Jack aangehoor het. Pa se herinneringe

Die passie waarmee Pa vir my klavierlesse gegee het, het net nie gewerk nie. Ek was te lui. Hy't belangstelling verloor, maar het altyd gesê: "Jy sal dit eendag berou." Hy was reg.

Hannie, Anna, Uncle Jack en hond.

aan hulle vriendskap en hoe wonderlik dit was en hoe verpletter hy was toe sy beste vriend skielik oorlede is, het Uncle Jack die vyfde lid van ons gesin gemaak.

Nou kyk ek na die vergete ou foto's, nie net dié een nie, en die emosies wat hulle uitbeeld. Dit wys 'n jong Hannes saam met die ouer Jack en 'n vriendskap wat nou vir my baie sin maak. Sou ons ooit sonder verleentheid of doekies omdraai oor daardie deel van Pa se lewe kon gepraat het? Oor 'n liefde wat toe, uit vrees vir 'n wanklank, nie 'n geluid mag gemaak het nie sodat daar vandag geen weerklank is nie.

Ek kyk nou met bewondering terug na Pa se intense betrokkenheid by sy musiek, veral by sy kore wat liedere gesing het wat nooit vantevore in die NG Kerk gehoor is nie, waar destyds slegs gewyde musiek in 'n voorgeskrewe styl toegelaat is. Hannes Uys het gelowiges omvou met die allerpragtigste koorsang in verskillende stemme met woorde wat hulle kon verstaan, vertaal uit 'n magdom tale om hulle Afrikaanse God te verheerlik.

Ek het eers later besef dat Pa die verbode musiek van Katolieke komponiste aangepas en die propaganda van die Roomse Gevaar herskep het tot mooi Afrikaanse gesange oor liefde en hoop. As die kerkgangers maar net besef het dat dit duiwelse musiek was wat nou in hulle Calvinistiese tempels weergalm het! Dit was dus goed dat daardie liedere op plate vasgevang is sodat ouers hulle kinders kon prys en Pa sy sukses kon vier – en Ma haar kop kon knik met haar effens skewe glimlaggie.

Die grootste verloëning in my lewe is die waarhede rakende my moeder. Ek sê "waarhede", want daar is verskillende weergawes van elke storie. Ek sal nooit weet watter een die naaste aan die waarheid

Die Bassel-kinders in Charlottenburg, Berlyn: Maria, Helga en Gerhardt.

Ma se pa, Bertoldt Bassel.

is nie. Helga Bassel se lewe is gehul in geheimenis en bly vir my duister. Ek het van die flenterstukkies aanmekaargeflans, maar daar is gapings wat ek met my verbeelding moes invul. Haar grootwordjare en jeug in Duitsland is vir ons geanker in die storie van die dood van Maria, haar ouer suster. Het sy aan griep gesterf? Was dit masels? Soms is breinvliesontsteking genoem. En waar is sy begrawe? Ek kon Marlene Dietrich se graf in Berlyn besoek, maar weet tot vandag toe nie waar om te begin soek na *meine Tante* Maria se rusplek nie.

Helga Bassel plat in die sneeu in haar geboorteland, Duitsland.

Helga Bassel en haar verloofde, dr. Franz Michels.

Soms het iemand iets laat val oor hulle geskiedenis, gewoonlik Oma Bassel. Dit was gewoonlik getemper deur haar fantasieë wat die reuk van naakte vrees en vlug omskep het in stories van warmte en geluk. Oma Bassel se kamer het altyd na die appels geruik wat in 'n bak op die ronde tafel voor die venster in die son gelê het. Haar toorgoed was die unieke smake van haar Duitse kombuis: *Pfefferkuchen, Wiener Schnitzel* en *Apfelstrudel*. Ons FAK-liedjies om die kampvuur is soms oorweldig deur haar Duitse stories wat sy met wysies en danspassies vertel het.

Dan is daar die paar keer, wat helder in my geheue is, wanneer sy en Ma voor die vuurherd in die sitkamer in Pinelands gesit het, albei

*Helga Bassel en Hannes Uys maak musiek in ons musiekkamer.
Saans daardie tyd was Pietertjie en Tessatjie al
vas aan die slaap in hulle kamers op die boonste verdieping,
gesus deur die beskermengele se sang.*

besig om iets te brei wat deel sou word van 'n geel trui vir my twaalfde verjaarsdag op 28 September. Oma Bassel het dan begin om 'n gedig van Rilke saggies op te sê en haar dogter het saamgefluister. Sonder om na mekaar te kyk het hulle gedemp die geliefde Duitse woorde gesê wat hulle gedagtes na 'n ver plek neem, 'n plek wat deur vlamme en vrees tot niet gemaak is. Ek het in my tienerjare gehoop dat ek hulle liefde vir die digkuns sou kon deel, maar dit is op skool en later op universiteit brutaal versmoor. Ek is bitter spyt daaroor.

Helga Bassel was 'n beter pianis as Hannes Uys, selfs al was sy musikaliteit buitengewoon. Sy het geduldig haar ervaring en tegniek met haar man gedeel en hom aangespoor om 'n konsertstuk vir twee klaviere aan te pak. Dan het hy die note oor en oor geoefen terwyl hy sweet van inspanning, en woorde uiter wat ons 'n taai klap sou besorg het as ons hulle gebruik het.

Die opwindendste van alles was natuurlik die eerste keer dat "ons" plaat oor die radio gespeel is. Daar sit ons almal in 'n kring van afwagting: ek kruisbeen op die mat, Tessa op 'n stinkhoutstoeltjie, Ma al breiend, Pa wagtend. Albei oumas was ook daar om saam hande te klap. Almal se aandag is op die stuk wynrooi materiaal waaragter die luidspreker skuil en tjoepstil sy asem ophou tot die knoppie op die radio gedruk word.

Ons en die ganse wêreld sit en wag dat die SAUK se gong agtuur slaan. Boeboe kom uit die kombuis en lek sy snoet ná sy aandete. Sannie is op sy hakke, afdroogdoek in die hand, en staan in die gang buite die kombuis sodat sy ook Master se koorsang kan geniet.

Ja, dít is dalk die perfekte manier om hierdie Groot Trek te begin. Met musiek. Pa se musiek, en ek wat Pa se woorde sing. Pietertjie Uys, dertien jaar oud met 'n stem wat nog nie gebreek het nie. Met sy klein wêreld buite die deur nog plat soos die Groot Boek wat sê dis nie plat nie en sy tuisland wat in vyftig skakerings van monochroom gekleur is. Met Eau de Bang as die kenmerkende parfuum van die lewe.

Die radiostem kondig aan:

En nou gaan ons luister na die oulike stemmetjie van Pietertjie Uys. Hy is van Pinelands in Kaapstad, en hy word hier op die klavier begelei deur sy vader, Hannes Uys. Pietertjie Uys sing nou "Maria se Wiegelied" deur Max Reger.

Ek sit op 'n kroegstoeltjie en luister na my kinderstem. My lippe beweeg nou nog saam met die woorde:

> Maria sit met rosekrans en wieg haar Jesuskind
> Deur die blare liggies waai die warme somerwind
> So helder sing daarbo 'n voëljie in die lug so blou
> Slaap kindjie soetjies
> Sluimer nou . . .

Die stemmetjie rits boontoe tot by die hoogste noot. Ek hoor hoe die gehoor bewonderend na hulle asem snak. Ek trek my swart mussie oor my kaalkop. Net my gesig steek uit om te wys wie ek is; die res is geklee in 'n swart broek en swart T-hemp, jare gelede gekoop in New York se teaterdistrik. Voorop is die woorde "*ALMOST FAMOUS*".

Dis tyd om te praat.

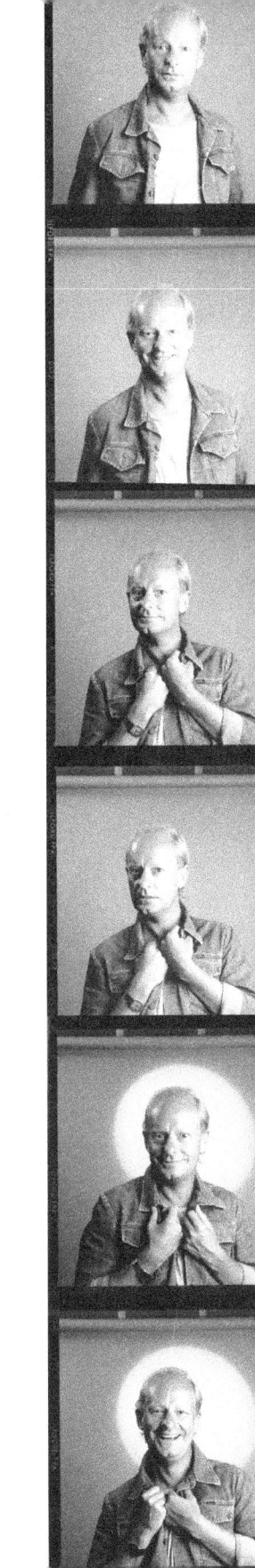

Weerklink van 'n wanklank: Die verhoogstuk

"Pa? Pa? Ek wil ook 'n langbroek dra, Pa!"

Pa sê niks.

"Al die seuns in my klas dra langbroek. Dis net ek in 'n kortbroek! Pa? Ek is amper veertien!"

Ek weet waarom Pa nie wil hê ek moet langbroek dra nie. Want dan gaan my stem breek. Dan sal ek nie meer oor die radio kan sing nie. Of elke Saterdagmiddag by 'n troue nie. Vir een ghienie. Dis een pond een sjieling. Pa hou die pond; ek kry die sjieling.

Ek haat daardie grys kortbroek en lang grys kouse wat tot by my knieë kom. Die wit hemp, kortmoue, skooldas. My hare is altyd die kortste in die klas. Aan die kante is dit kort, kort, kort! Maar nie voor nie. My woeste blonde kuif wip soos 'n gestolde brander op, gevries deur La Pebra's-haarjel. Ek het ure in die kerk en klas gesit en niks-siende voor my uitgestaar, soos iemand wat in 'n koma is, terwyl ek met my stokstywe hare vroetel en dit bewerk tot in 'n mooi styl, 'n ander styl wat ek nie mag dra nie, want dit pas net by 'n langbroek.

"As iets verskrikliks gebeur, gryp die boonste laai en hardloop na die bure!"

Ag, Pa! Watter vreeslike dinge kan tog in Pinelands met ons gebeur? Gaan die grasdak aan die brand raak? 'n Aardbewing? 'n Vloedgolf? Dalk land groen Marsmannetjies in die agtertuin? Ha-ha, Pa! Pa het alles geweet, en wat hy nie geweet het nie, het hy sommer uit sy duim gesuig. En ek het alles geglo, want hy was Pa.

Sy lessenaar was in die sitkamer, in die hoek teen die muur net onder die Maggie Laubser-skildery wat sy destyds vir Pa gegee het toe hulle nog vriende was. Dit was 'n *no-go* area.

"Julle vat nie aan my lessenaar nie! Onthou net, as iets verskrikliks gebeur. . ."

"Ja, Pa. Gryp die boonste laai en hardloop na die bure!"

"Ons lewens is in daardie laai!"

"'Ja, Pa."

Teen die muur bo die lessenaar was 'n elegant geraamde portret van my ma. Ek kon nooit verstaan waarom hulle vriende wat kom kuier het geskok in hulle spore vasgesteek het wanneer hulle dit sien nie. Die Engelse het hande geklap. Afrikaanse gaste het na hulle asem gesnak en onderlangs gemompel: "Sies, dis 'n skande." Maar dit was omdat hulle gedink het dat ons 'n foto van koningin Elizabeth II van Brittanje in die huis het. Noudat sy in haar negentigs is, is daar talle dokumentêre programme oor haar op televisie en wanneer ek die jong Elizabeth sien waar sy perdry of saam met haar kinders is, selfs by die opening van die Britse parlement met 'n kroon op haar kop, is dit ék wat nou iemand anders sien. Die jong Helga Bassel was haar ewebeeld.

Elke Sondagoggend het ek en Pa die lang pad gery van Pinelands na Parow, waar hy die orrelis in die NG kerk was. Vir Sondagskool en die kerkdiens. Twee dinge het die halfuur lange tog aantreklik gemaak. Die een was die stilhou by die *booms*, die staalhekke by die spoorweg-

Pieter en Tessa se ma, nie Charles en Anne s'n nie!

oorgang net duskant die Maitland-begraafplaas, waar ons gewag het dat die stoomtrein verbyrommel.

Die geluid van die lokomotief wat daar doer begin as 'n gefluister – laat-los-my-voet-laat-los-my-voet-laat-los-my-voet – en dan soos iets uit die diepste hel verbyskiet met rook wat by sy neus uitborrel en

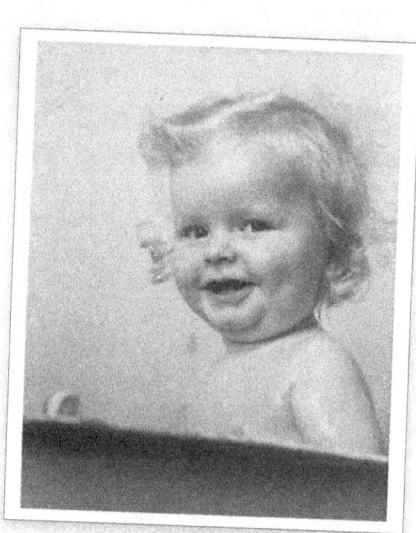

1946: Die skaamtelose blonde baba.

1950: Ek laat die poppe dans terwyl sussie droëbek sit.

die wit gesigte van die passasiers wat slaperig ná die lang nag uit die Transvaal en deur die Karoo uit hulle hokkies loer en vir my waai. Dan waai ek terug en waai hulle wild vir my en waai ek weer vir hulle tot almal waai. Hel, dit was *exciting*!

Dan ry ons verder kerk toe. Pa in sy pak en ek in my kortbroek.

1948: In Ouma se hoed met Ouma se handsak.

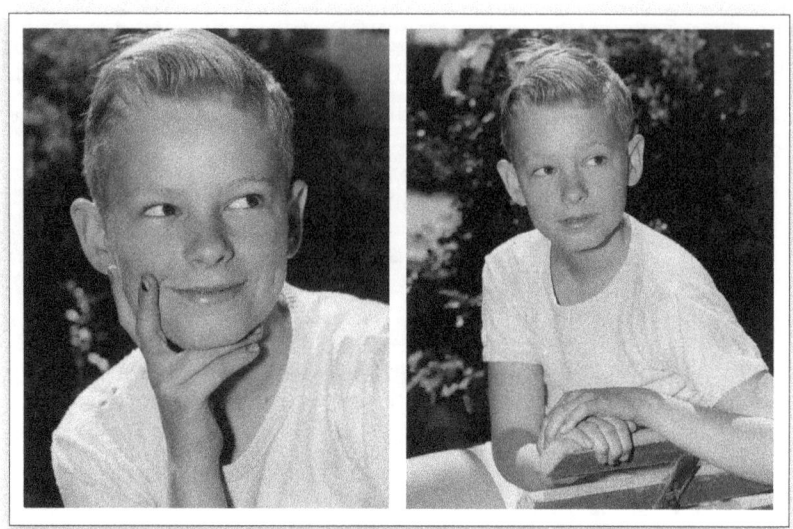

Raai net waar alles gaan eindig . . .

Hoe vra Hamlet? *To be or not to be?* As ek nou na my kinderfoto's kyk, is ek seker dat Pa toe reeds besef het ek is gay. Waarskynlik reeds in daardie vroeë jare van Pietertjie Uys en sy engelstemmetjie.

Ons het net nooit daaroor gepraat nie. Op skool is ek 'n "moffie" genoem en het dan net gelag. Ek het waarskynlik nie geweet wat dit beteken nie. Selfs toe ek in my veertigs was en in Johannesburg 'n huis met 'n jonger man gedeel en Pa vir 'n week se vakansie kom kuier het, het hy sonder enige vooroordeel by ons gebly. Dit wat ongesê was, het dit wat ongesien is geword.

Ek onthou glashelder die Sondagoggend toe ek en Pa soos altyd in die kar by die spoorwegoorgang gesit en wag het vir die lokomotief. Ek het hom uit die bloute gevra, "Pa, wat is 'n moffie?" Waar dit vandaan gekom het, weet ek nie. Ek onthou net sy reaksie. Hy't met sy hele lyf na my gedraai, sy lippe was wit van woede en sy blou oë het sonder om te knip soos laserstrale na my gegluur terwyl hy op my skree dat die druppels spoeg spat: "Dis vieslik! Dis teen die wette van Liewe Jesus! Dis die ergste sonde wat iemand kan pleeg! Hulle gaan almal hel toe! Hoekom vra jy?!"

Ek was stomgeslaan. Gelukkig het die trein verbygestoom. Dit was die einde van die uitbarsting. Dit het my dekades geneem om die antwoord op daardie vraag te vind: 'n Moffie is iemand wat liefde vind in sy weerkaatsing.

Soos ek deur die stowwerige leidrade snuffel, besef ek dat ek 'n meestersgraad in ontkenning het. Toe ek jonk was, is kinders in ons huis nie toegelaat om vrae te vra nie, veral nie met die streng dissipline van ons ultrakonserwatiewe kultuur vasgevang tussen Calvinistiese, rassistiese voorskrifte en koloniale Britse *reserve* nie. Ons het ons bekke dig toegehou. Dankie tog vir die eggo van Ma se *Berliner Schnauze*, die astrantheid van die boorlinge van Ma se tuisstad 'n miljoen myl ver op 'n ander planeet. Ek en Pa was gestrand op Planeet Calvinista.

Daardie oggend, op pad terug Pinelands toe ná kerk, gereinig van alle vieslike gedagtes deur die teerheid van Liewe Jesus en lam boude van sit en sit en sit, stop ons in Vasco by 'n kêffie vir roomys. Dit was die ander rede waarom ek elke Sondag met 'n glimlag in 'n kortbroek kerk toe gegaan het vir die diens én Sondagskool. Ek is omgekoop met 'n lokomotief en *rum and raisin*-roomys!

"Pieter? Wat wil jy eendag word?"

"Ek weet nie, Pa. Miskien 'n stoomtreindrywer."

"Hmmm. Wat van 'n NG dominee? Hulle kry elke jaar 'n gratis nuwe motor van die gemeente."

Ek het dit geweet, want ek het dit gesien. Dominee Steyn het 'n nuwe groen Pontiac gehad, dominee Brand 'n geel De Soto. En doktor Van Wyk met daardie splinternuwe ligblou Chevrolet Impala met sy *wings* – nes my groen Dinky Toy met die groot vlerke en dubbele ligte voor! Sjoe!

"En jy weet mos, NG dominees gaan reguit hemel toe!"

Ons Sondagskoolonderwyser het ons beloof: "Soet wit Afrikaanse Christenkinders gaan direk na Liewe Jesus. Ja, en soet swart Christenkindertjies gaan direk na húlle hemel." Huh? Húlle hemel?

"En wat van my kat, Boeboe? Gaan Boeboe ook hemel toe?"

"O nee, Pieter. Katte gaan nie hemel toe nie."

Wat? Onse Boeboe gaan nie na Liewe Jesus toe nie? Op die plek besluit ek dan wil ek ook nie soontoe gaan nie. Ek wil gaan waarheen katte gaan en saam met hulle voor die helse vuur opkrul.

Bo links: In die begin was daar klein katjies.
Bo regs: . . . en soos die seuntjie groter geword het, was daar nog katjies.

Onder links: . . . maar nie een kon Boeboe se plek inneem nie. Hier is die Kat van alle Katte in die arms van sy troetelpersoon.
Onder regs: Troetelpersoon en Troeteldier is nou ouer, maar Boeboe het nog drie lewens.

Groot katte, klein kieties, rondlopers, buurpoeste, wilde diere wat spin. Sedert ek my verstand gekry het, is ek en katte maats. Daar was Froggy en Blackie, Wollie en Benny, Sarel en Blanche, en natuurlik, Boeboe. Hy was geseën met agtien lewens. Hy was 'n grys/wit/donker/ ligte gestreepte bielie, vroeg reeds ontman, met net 'n halwe stert. Die res is weg toe 'n deur daarop toegeklap het. Hy het in die lug opgespring en die voordeurklokkie gelui. (Wel, dis wat Pa gesê het en ons het hom geglo.)

Boeboe Uys.

Toe Pa onverwags alleen in Homesteadweg 10 moes bly – ek en Tessa was in Londen en Ma was oorlede – het Boeboe hom soos 'n skaduwee gevolg. Soos die maande verbygegaan het, het hulle mettertyd 'n daaglikse roetine uitgewerk wat albei aan die gang gehou het. Wanneer dit etenstyd was, het Pa Boeboe geroep. Dan het hy hom stadig uit sy gemaklike stoel in die sitkamer gelig en op sy tyd na die kombuis geslenter. Pa het dan drie groot lepels van die katkos waarvan Boeboe hou in sy bakkie geskep en dit altyd op dieselfde plek langs die waterbakkie neergesit. Pa moes dan staan en kyk terwyl die ou kat eet. As hy wegloop, het Boeboe agternageloop. Wanneer dit Pa se beurt was en hy sy kos op die eetkamertafel reggesit het, het Boeboe oorkant hom op 'n stoel gesit en hom stip dopgehou tot Pa al sy kos opgeëet het, soos 'n goeie troetelpa.

Boeboe was mal oor Sondagmiddagete want dan was daar vis. O, die weeklikse sage van die vis! Pa het altyd aan tafel gesit en tegelyk gepraat, geëet, gekou, gesluk – en natuurlik 'n graat in die keel gekry. Dan kom die vreeslike gestik.

"O nee, slaan hom op sy rug! Gee hom witbrood! O, Liewe Jesus, moenie laat Pa doodgaan nie!"

Dus was ek vrek bang vir vis.

"Pieter! Eet jou vis!"

"Nee."

"Pieter . . . Eet daardie vis!"

"Nee, Pa, dis vol grate."

"Natuurlik! Dis 'n vis! Sannie!"

"Ja, Master?" kom dit uit die kombuis.

"Sit hierdie vis in die yskas en gee dit met elke maaltyd vir hom. Vir ontbyt, middagete en aandete! Dit sal hom leer! Meneertjie sál daardie vis eet! Verstaan jy, Sannie?"

"Ja, Master.'"

Natuurlik het Sannie altyd "Ja, Master" gesê, want Master was mos die "master" en Sannie was die "meid". Maar Master was nie altyd by die huis nie, want Master het in die week gewerk en sonder 'n *master* was Sannie nie die bediende nie; sy was baas. Sy het in die kombuis geheers. Die deur was permanent toe. Ons moes klop as ons wou ingaan. (Vandag sou dit 'n nasionale sleutelpunt gewees het met PIN-nommers en *passwords* en alles.)

Sannie het gehoorsaam die vis in die yskas gesit soos Master gesê het en dan Oma Bassel in die kombuis toegelaat om haar *Wiener Schnitzel* vir my te maak vir middagete. Fok die vis! (Ek dink nie ek het ooit as kind die f-woord gebruik nie. Die eerste keer was waarskynlik toe ek daarvoor gevra het.) Sannie was nie net die "meid" nie, sy was my beste vriend. Sy was my Kaapse Vlakte-ma. Sannie was deel van ons lewe vir so lank ek kan onthou.

Susanna Abader, die elegante bruin vrou uit Athlone met haar Moslemdoek. As kinders het ons nooit haar hare gesien nie en Tessa was oortuig dat sy nie hare het nie. Sannie het hard probeer keer dat sy gesien word wanneer sy 'n vinnige Cavalla agter die moerbeiboom in die tuin gaan rook het. Wanneer iemand naderkom, het die sigaret met 'n gedempte kragwoord in die visdam beland. Sannie in haar kombuiskasteel was die verhoogbestuurder wat vir al ons gesin se *props* en kostuums gesorg het, en die enigste mens in die huis wat Ma se voorliefde vir *steak tartare* en gorgonzola-stinkkaas kon verstaan. Wanneer ons die yskas oopmaak en sies en *yuck*, het Sannie saam met ons aan die kaas geruik en gelag: "Ja, o! Hali-ha! Daai gorgenzilla-kaas ruik nes ou kak!"

Ja-nee, Sannie het my ware Afrikaans geleer. Nie die fênsie taal wat ons in die kerk gefluister het om God se ore te bereik nie, maar die sexy *Cape Flats*-dialek wat die engele so lekker laat lag.

Pa en ek het selde saam gelag. Ons het wel gestry en baklei. Het ons mekaar liefgehad? Ek dink nie ons het eens van mekaar gehou nie. Miskien was ons te eenders. Ek wonder soms of hy homself as kind in my kinderagtigheid gesien het. Hel, ek was 'n skynheilige klein poep met my blonde kuif en fraai glimlaggie, kompleet met kuiltjies. Die Pietertjie Uys-*act*. Dis so stroperig dat jy wil kots.

Selfs met al ons huiskonserte het die idee om eendag toneel te speel of 'n grapjas te wees, nooit by my opgekom nie. Gee my 'n stoomtrein of 'n nuwe kar (vir dominee Uys). Ek het buitendien genoeg in die openbaar gesing om te weet hoeveel harde werk daarin steek. Ons huiskonserte was gewoonlik net vir die familie Sondagmiddae ná ete. Ek het gesing en Tessa het klavier gespeel. Of sy het ballet gedoen terwyl ek die grammofoon beman. Albei met snaakse hoede op en ek soms in Ma se skoene. Ná die applous het ons 'n blikkie geskud om geld vir die Dierebeskermingsvereniging te kollekteer. Boeboe het soms ook deelgeneem sonder dat hy eens wakker geword het. Toe my blindederm in die St. Joseph-gedenkhospitaal uitgehaal is, het ek verlief geraak op die nonne wat daar verpleeg het en was die kollekte die volgende Sondag vir hulle. Ouma Uys het haar tiekie uit die blikkie gehaal. Nee, magtig. Sy weier om die Katolieke Gevaar te ondersteun!

Regs: 1953: Die program vir my en Tessa se Oukersaand-konsert in die sitkamer.

Onder: Die sterre van die Sonskyn-konsert.

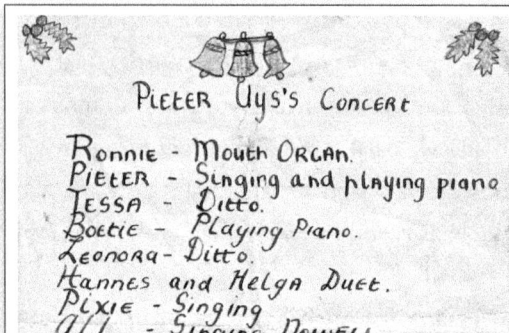

Regs: 1954: Die Sjeik van Arabië, een van my gunsteling-fantasieë. Daar het nog baie voorgelê.

Maar Pa was nie net Pa nie, hy was ook oom Hannes. Ek het oom Hannes nooit geken nie, maar al die ander mense was mal oor oom Hannes – oom Hannes wat jazz op die klavier speel, oom Hannes wat die beste grappe vertel en die hardste vir sy eie grappe lag. Oom Hannes, die *life and soul of the party*. Al my vriende was vreeslik jaloers. "Pieter, jy's baie gelukkig. Jou pa is oom Hannes!"

Ja, maar julle ken nie Pa soos ek Pa ken nie. Af en toe was daar 'n oomblik wanneer ek iets gevra en 'n sagte, teer antwoord gekry het, maar gewoonlik was sy stem hard, altyd streng, altyd vies, en sy ysblou oë vol weersin op skrefies getrek.

"Pieter, jou hare is te lank!" "Pieter, waar is jou Bybel?" "Pieter, hou op met daardie geraas!"

Dag in en dag uit.

"Het jy die tuin natgegooi?"

"Ja, Pa."

Wel, eintlik nee, Pa. Nie behoorlik nie. Ek het net woeps-waps bolangs gespuit en is toe terug op my knieë in die sand om met my Dinky Toys te speel. Dan kom hy van die werk af en krap-krap in die grond en alles is kurk-horingdroog.

"Pieter? Het jy vandag behoorlik klavier geoefen?"

"Ja, Pa."

Maar nie lank nie. Waarom moet ek? Almal sê ek het 'n uitstekende oor. Ek kan alles wat ek hoor op die klavier speel. Sommer net so. In C majeur. Middel C! Ek het van die wit note gehou, maar was skugter vir die swartes. Mozart was my groot liefde; Amadeus my beste vriend. Ek kon nie glo hy is dood nie. Sy musiek is so vol lewe!

Die probleem was dat daar te veel mense in ons huis was: soggens, smiddae, saans, elkeen besig met sy eie geraas. Daar was Beethoven, Bach, Schumann, Schubert, Scarlatti, Lizst en Brahms. Daar was net te veel klaviere in Homesteadweg 10, Pinelands. In die musiekkamer was Ma se Blüthner-vleuelklavier, wat sy uit Duitsland gebring het, en 'n klein Yamaha-*upright* sodat sy en Pa stukke vir twee klaviere kon speel. In die sitkamer was Pa se Feürich- klein vleuelklavier. 'n Dubbeldeur tussen die twee vertrekke het die klassieke klanke gedoof.

Pa kon dus ná werk les gee in die sitkamer, terwyl Ma les gee in die musiekkamer waar sy later saans Scarlatti gespeel het en soggens Schumann. Daarby het Tessa skielik 'n briljante pianis geword en op twaalf saam met die Kaapstadse Simfonieorkes gespeel. Natuurlik het ek ook gespeel – met my Dinky Toys in die tuin, nadat ek dit natgegooi het.

Ek en Pa was gemeen teenoor mekaar. Ek was te jonk om te weet hoe om slim-sarkasties te wees soos hy, en wanneer hy was, het hy altyd agterna gelag en gesê: "Dis net 'n grap!" Maar dit was nie. Hy het my gedurig geterg oor my liefde vir 'n sekere filmster. Dit het alles by doktor Hendrik Verwoerd begin. Hoe dan anders? Daardie dae het alles by doktor Hendrik Verwoerd begin. Op skool en in die kerk is gefluister dat hy nie net die argitek van apartheid is nie, nie net ons eerste minister nie, maar 'n godgegewe gawe. Dus het ek 'n foto van oom Hendrik teen my kamermuur opgeplak.

Politiek is egter nie in Pa se huis toegelaat nie.

"Ons praat nie politiek in my huis nie. Dis 'n vuil ding!"

Maar wat van die foto van ons eerste minister teen my muur? Al my vriende het foto's van hom in hulle kamers gehad, soms langs knipsels oor rugbyspelers, maar ek het nie so ver gegaan nie. Toe sien ek in die nuutste *Stage & Cinema* 'n pragtige Italiaanse filmster. Ek het die foto versigtig uitgeknip en langs ons land se leier teen die muur geplak. Die volgende dag het oom Hendrik van die muur afgemoer. (Ek dink hy't besef Sophia Loren se bene is mooier as syne!) Hendrik Verwoerd het daarna nooit weer teen my muur verskyn nie, terwyl Sophia altyd daar was. Ek dink sy het my lewe gered.

"Ja, Pieter, jy is mos verlief op daardie Sophia Loren?"

"Ja, Pa. Sy's baie mooi."

"Siesa!"

"Siesa?"

Groote Schuur
Rondebosch
Kaap
11 Junie 1962.

Beste Pieter,

Mevrou Verwoerd het my opgedra om aan jou te skryf om jou namens dr. Verwoerd en haarself baie hartlik te bedank vir die mooi manier waarop jy hulle geluk gewens het met die eerste herdenking van die stigting van die Republiek van Suid-Afrika op 31 Mei. Hulle waardeer dit baie dat jy daaraan gedink het en sê baie dankie.
Dr. en mev. Verwoerd wil jou graag alles van die beste toewens en stuur hulle beste groete.

Vriendelike groete,
die uwe,

(Mev.) B.........
PRIVAATSEKRETARESSE.

Jongeheer Pieter Uys,
Homesteadweg 10,
PINELANDS, Kaap.

Die amptelike koevert van die eerste minister se woning.

11 Junie 1962: 'n Brief van mevrou Verwoerd se sekretaresse waarin sy die jongeheer Pieter Uys bedank vir sy mooi brief met gelukwense op die eerste herdenking van die Republiek van Suid-Afrika.

Mevrou Verwoerd se persoonlike dank aan "Liewe Pieter" en die Kindersangkring vir die mooi geskenk van hulle langspeelplaat.

Groote Schuur
Rondebosch
Kaapstad
19 Junie 1961.

Liewe Pieter,

Dr. en ek wil graag die Kindersangkring van Pinelands baie hartlik bedank vir die mooi geskenk wat jy namens hulle aan ons oorhandig het. Ons het gisteraand die plaat 'n paar keer oorgespeel en die opname baie geniet. Ons is albei baie lief vir koorsang en wil julle geluk-

"Ja, Pieter, sies! Kyk haar dik lippe! Jou Sophia is 'n meid!"

Nee! Hoe is dit moontlik? Sy's nie 'n Kleurling nie; sy's mos Italiaans! Maar elke keer wanneer ek daardie pragtige gesig teen my muur sien, elke oggend wanneer ek na haar breë glimlag met daardie pragtige . . . dik lippe kyk, het ek gedink: O, nee. Ek het Liewe Jesus se grootste gebod verbreek. Ek is verlief op 'n Kleurlingmeid!

Dit was nie die ergste nie. Die middag net voor Paasnaweek, terwyl ek in die Pinelands-biblioteek na 'n boek soek, het Pa in my kamer ingegaan en met 'n swart kokipen 'n snor en baard op al haar foto's geteken. Dit was die laaste strooi. Ek móés hom terugkry. Maar hoe? Aha! Ek gaan die kat se sandboks in daardie donnerse boonste laai uitskud. Maar op die ou einde was dit Elvis wat my gehelp het om my te wreek met 'n spesiale Paaspresent vir Pa.

Rock 'n' roll het die huis gevul. My draagbare plastiekplatespeler se deksel met die ingeboude luidspreker was na my oop kamerdeur gedraai. Die *seven single* lê gereed op die draaitafel. Ek help die naald tot op die eerste wanklank. Elvis Presley. *Jailhouse Rock*. Dit sal Pa mal maak! En dit het.

"Pieter? Sit af daardie gemors!"

Ek doen niks. Wag net vir die volgende salvo.

Weer kom sy verwoede gil. "Pieter, magtag! Ek gaan jou nie weer vra nie. Sit af daardie geraas!"

"Jammer," koer Pietertjie Uys, "ek kan nie hoor nie!'"

Maar ek het presies geweet wat hy sê, al het Elvis en *everybody in the whole cell block* alles oordonder.

Ek hoor sy voetstappe op die trap. Pa staan in die oop deur met 'n liniaal in die hand, reg om my te straf. Pietertjie Uys speel sy beroemde rol met sy kuiltjie en glimlag. Hy haal die naald van die plaat af.

"Jammer, wat vra Pa?"

Die koning van ruk, rol en geraas is tjoepstil.

"Wat het Pa gesê?" vra Pietertjie op sy heiligste.

Pa staan in die stilte en gluur na die plaatjie, dan na die Maria Callas-opname van *Carmen* wat ek self vir my verjaardag gekoop het. Hy draai om en loop uit, al grommend.

"Daardie donnerse Elvis Presley . . . duiwel . . . vieslike gemors . . ."

Siestog, arme Pa. As hy maar net geweet het dat ek verreweg meer van Cliff Richard gehou het, maar sy plaat was uitverkoop.

Dieselfde Paasnaweek het alles oorgekook. Ek weet daardie drie dae was nie lekker vir Liewe Jesus nie, maar dit was daardie jaar ook nie pret vir die Uyse nie. Eers was daar die uitgerekte argument oor die geraas wat ek gedurig in my kamer maak. En waar het ek in elk geval daardie Elvis-plaat gekry? Toe het ons voor ontbyt in die agtertuin gaan soek na die paaseiertjies wat Ma versigtig weggesteek het. Nie net vir ons nie, maar ook vir Boeboe wat later in sy lewe 'n soet tand gekry het. Maar Pa wou net nie end kry nie.

"Sorg dat jy vandag die tuin behoorlik natgooi, hoor jy?"

"Hoekom kom jy nie saam kerk toe nie? Dis Goeie Vrydag."

"Magtig, Pieter, waar is jou pak?" My pakkie vir Liewe Jesus met die baadjie en kortbroek?

"En was die vooruit van die kar. Ek het jou al gister gevra. Moet ek alles twee keer sê?"

Ek het my kerkgewaad vinnig uitgesit: wit hemp, blou das, lang sokkies en swart skoene, en die emmer vol water getap om die kar se ruit te was. Dit was swaar. Ek moes rus en sit dit neer.

Pa kom uit die huis uit in sy somber orrelis-uniform. "Magtig, Pieter, kry nou klaar met die vooruit. Ek is haastig!"

Wat daarna gebeur het, was alles in stadige aksie. Almal se stemme het vreemd geklink. Die woorde uitgerek met mompelgeluide. Die emmer in my hand het skielik ligter gevoel toe ek dit weer optel. Hoër en hoër lig ek dit – en toe stort al die water uit op my pa in sy kerkpak! Dit was asof 'n tsoenami oor Tafelberg breek en daar staan 'n druppende, bedonnerde, papnat Pa.

Die tyd vir *slow motion* was verby. Ek moes hol vir my lewe.

Ek het uit Homesteadweg 10 gestrompel tot in Forest-rylaan, oor die Swartrivierbrug (dit was lank voor die N2 gebou is), deur Mowbray, oor die besige Hoofweg, op verby die historiese windmeul wat Pa gesê het in 1652 deur Jan van Riebeeck hierheen gebring is; links langs die Universteit van Kaapstad verby, verder op deur die lang gras na die Rhodes-standbeeld en uitasem teen Duiwelspiek uit. My lewe was verby. Pa sal my doodmaak. Ek moet dit liewer self doen.

Halfpad teen die berg op, moeg en natgesweet, hou ek op hardloop en kyk af. Ek was oortuig dat ek Pa gaan sien, warm op my spoor. Ek het nie verwag om te sien wat ek gesien het nie: Die Kaap wat in al sy glorie uitgestrek voor my lê. Sonlig skitter en weerkaats van die motors af. Rook en mis maak alles nog mooier en geheimsinniger. Om my skitter pragtige silwerbome in die son. 'n Jong katjie van die restaurantjie by die Rhodes-gedenkteken kom skuur teen my velskoene. Ek vergeet om myself dood te maak en speel met die kat tot ons albei se magies raas van die honger. Is ek te laat vir middagete?

Daar's heerlike kos by die huis. Maar Pa gaan my beslis doodslaan. Of miskien nie. Ek kan Oma Bassel se *Wiener Schnitzel* proe. Of is dit dié Sondag Ma se Portugese hoender met olywe en knoffel? Dalk die lekker groen soetrissies vol maalvleis in dik tamatiesous? Of my geliefde warm noedels met gerasperde bittersjokolade? Dis die moeite werd om daarvoor doodgeslaan te word. Dus het ek totsiens gesê vir die katjie en die lang pad terug begin.

Sannie het my voor die hek ingewag. Sy het woordeloos haar vinger stadig gewaai en kop geskud terwyl sy sukkel om nie uit te bars van die lag nie. Maar niks was snaaks nie. Die Uyse het in stilte aangesit vir aandete. Albei oumas was daar, nors, met min woorde. 'n Baie slegte teken. Oma Bassel het soos gewoonlik die spanning aangevoel en het met klein oogbewegings haar ondersteuning vir my gesein. Moontlik het sy gewens dat dit sy was wat die emmer water oor haar dogter se man uitgegooi het. Hy was nie haar beste vriend nie en die gevoel was wedersyds.

Ouma Uys, in haar kerkuitrusting met hoed en skouerpelsie, was nog diepbewoë oor die Goeie Vrydag-boodskap en alles wat haar Liewe Jesus op Golgota moes deurmaak. Pa se ma was die teenoorgestelde van my Duitse ouma. 'n Ware aktrise in die NG Kerk en volksmoeder in die Nasionale Party. Sy was juis die niggie van die eerste apartheidspremier, doktor DF Malan. Ja-nee, ant Gertie se morele standaarde was in 'n klas van hulle eie.

Sy is die ouma wat my Saterdae saamgesleep het Groote Schuur toe, na die eerste minister se woning, waar sy by Hendrik Verwoerd en sy Betsie tee gedrink het, terwyl ek in die tuin met die boerboel Punch speel. Ouma Uys het haar lewensfilosofie vroeg – ek was ses of sewe – met my gedeel: "Pietertjie, my kind, luister nou vir Ouma en onthou dit vir die res van jou lewe. Die Engelse is ons aartsvyand! Die Katolieke is die Antichris! En die Jode is almal diewe!"

Sy't niks gesê van die swart mense nie. Niemand het ooit iets van die swart mense gesê nie. Waar ek grootgeword het, was hulle nooit die probleem nie. Die vyand was die donnerse Rooinekke, die Katolieke Gevaar en die Joodse Pes.

Soos 'n Koningin Lear hou Ouma Uys haar hof in toom, omring deur haar seun, Hannes, en dogters, Hannie en Anna.

Daardie aand om die etenstafel was daar beslis 'n probleem, maar almal het dit geïgnoreer. Dit was asof die seun se aanval op sy pa nooit gebeur het nie. Het ek dit gedroom? Sowat vyf-en-dertig jaar later, toe ek genoeg hare verloor het om soos Hannes Uys se seun te lyk, het ek Pa herinner aan die drama wat daardie Goeie Vrydag by Homesteadweg 10 afgespeel het.

"Toe ek by die huis kom, het jy niks gesê nie."

"Nee, Pietie, jý't niks gesê nie."

"Jy bedoel ek het nie om verskoning gevra nie."

"Nee, as jy iets gesê het, sou ek ook iets gesê het. Dan kon ons die ding uitgepraat het. Maar jy't niks gesê nie. Soos altyd."

Hy was reg. Ek was die een sonder opinie, die een sonder moed. Net die knaende vrees vir die bekende onbekende. Al wat ek kon bydra was geraas.

"As iets verskrikliks gebeur, gryp die boonste laai . . ."

Elke keer wanneer ek by die lessenaar verbyloop, het ek gewonder wat Pa daarin wegsteek. Watter geheime is in sy boonste laai? Een

1955: Die standerd viers van Pinelands-laerskool – die Blou Skool – met juffrou Olive Dixon in beheer. Ek is die witkopkabouter in die voorste ry. Ek wonder of ek toe al vir tannie Angelique geken het.

Donderdagaand moes hy langer as gewoonlik met die koor by die kerk oefen. Aha! Dis nóú my kans. Uiteindelik! Ek staan voor die lessenaar, haal diep asem en maak die laai oop. Huh? Waar is die verbode *Lady Chatterley's Lover*? Net papiere en vet gevoude dokumente, versigtig vasgebind met die *red tape* van plaaslike politiek – die pienk linte wat Pa van die werk af gebring het.

Hy was 'n senior klerk by die Kaapse Provinsiale Administrasie. Sy eerste liefde was musiek, maar hy moes werk om geld te verdien sodat ek en Tessa nuwe skoene kon hê en lekker kos kon eet. Ek het nooit geweet hoe hy daardie werk gehaat het nie, maar hy het dit jare lank gedoen. Elke weeksdag was hy vroeg op en het hy ná 'n vinnige ontbyt met sy fiets Pinelands-stasie toe gery. Daar het hy die fiets in die hokkie met al die ander fietse toegesluit, met die trein na die middestad gery en van die stasie af tot bo in Waalstraat gestap tot by Die Kantoor.

Elke weeksmiddag ná skool kon ek my verlustig in my wêreld van fantasie en nonsens sonder Pa se gegil. Ek kon met my Dinky Toys speel en in die boom klim om die eekhorinkies te jaag. Terwyl Ma in die musiekkamer les gee en Tessa in die sitkamer oefen, het ek in my kamer my boeke gelees. Biggles en die Hardy Boys met 'n Trompie hier en 'n Saartjie daar. Dit was voor ek my kamerdeur moes sluit ná my ontdekking van die hygende genot, danksy die sexy Franse hertogin Angelique.

Pa kom smiddae ná vyf by die huis en vat my en Tessa in die klein grys Austin A40 Milnerton toe om te gaan swem. Om by die strand te kom, moet ons oor die krakende ou houtbrug by Woodbridge-eiland ry. Tessa en ek kon elke keer sien hoeveel vrotter die hout is.

"Ja-nee," sê Pa. "Kyk hoe vrot is daardie hout. Ons gaan beslis met kar en al in die water val!"

"Nee, nee, nee!" gil ons.

"Ja, ja, ha, ha!" lag Pa. "Bid dat ons nie verdrink nie!"

Hy sit die Austin in eerste rat sodat dit nog erger klink en ons ruk en waggel oor die brug. Tessa en ek bid knaend. "O Liewe Jesus, moenie dat die brug inval nie! Ons is so bang." Ek belowe ek sal soet wees en fluister agterna: ". . . en ek sal nooit weer daardie vieslike Angelique-boeke lees nie!"

En daar is ons oor die brug – lewend!

"Pa, ons lewe nog!" skree ons van blydskap.

"Ja," sê Pa, "sien julle wat gebeur as julle bid?"

Ons hardloop oor die strand en spartel in die yskoue Atlantiese Oseaan met Tafelberg op die agtergrond. Elke weeksmiddag, somer, winter, herfs en lente.

In September was daar 'n spesiale avontuur. Dan het ons langs die Weskus op gery om na Die Blomme te gaan kyk.

Pa het sy eie filosofie oor veldblomme gehad. "Die blomme word nie gepluk nie – en pasop waar julle loop. Van die blommetjies is baie klein en julle kan hulle maklik doodtrap. Onthou, elke blommetjie het 'n mamma en 'n pappa."

Ons was soos trapsuutjiese in 'n mynveld.

Ons hou piekniek tussen die pypies en soms kom 'n skilpad aan-gewaggel.

"'O, Pa, ek wil 'n skilpad hê!"

Soos 'n meerkatjie in die veld soek ek skilpadjies tussen die madeliefies.

Ek en Tessa saam met tannie Susan Marais, my peetma, tussen die blomme net buite Mamre op die pad na Darling.

"Pieter! Moenie die skilpad optel nie! Hy woon hier. Dis sy huis. Streel hom op sy dop. As jy hom optel, belowe ek jou hy gaan op jou kaal voete piepie en dan gaan jy kanker kry en doodgaan."

Gelukkige gesinnetjie – die Uyse wys vir die kamera hoe gelukkig hulle is. Kloksgewys: 5 Julie 1956: Op 'n Union Castle-passasierskip, die Carnavon Castle, om vaarwel te waai vir Ma wat vir die eerste keer sedert die oorlog teruggaan Europa toe.
In ons pragtige tuin wat ek so mooi natgegooi het.
In die musiekkamer met 'n trotse pa terwyl die ander nie so seker van hul saak is nie.
Êrens op die strand.
In ons agtertuin voor Pa se trots en vreugde, die pienk krismisrose.

Soms, ná die piekniek in die veld met die skilpad, het ons nog 'n uur verder noord gery met die smal Weskuspad tot ons uiteindelik by 'n klein dorpie gekom het. Daar het ons vir koeldrank en vleispasteie by die stasie gestop. Ek het elke keer gedink hoe gelukkig ek is om in die stad te woon. In Pinelands! Nie op 'n dorpie met 'n simpel naam soos Darling nie.

Dis Donderdagaand in die Kaapstadse Stadsaal. Musiek vul die lug en bekoor die gehoor. Dis Mozart se klavierkonsert vir drie klaviere Nr.7 (K.242) – die een waarvan ek elke noot uit my kop ken en self op die klavier kan speel – maar net op die wit note. Op die verhoog is drie van die Uyse – Hannes, Helga en Tessa – elkeen by sy eie vleuelklavier, besig om Mozart te speel saam met die Kaapstadse Munisipale Orkes onder leiding van David Tidboald.

Die stadsaal is soos elke Donderdag- en Sondagaand propvol Kapenaars wat vir hulle weeklikse musiekfees gekom het. Wit, bruin en swart; jonk en oud. Niemand het toe kon dink dat die Nasionale Party-regering oor 'n paar maande 'n nuwe wet sou afkondig wat sê dat "slegs blankes" in die stadsaal toegelaat mag word nie. Dat almal wat nie wit is nie deur aparte ingange moet sukkel om in die agterste

PIETIE WORD GROOT.
In my kortbroek vir buite dra en Ma en Ouma se verjaardagtrui.
11 Augustus 1955: In my kortbroek vir binne dra, kerk en skool.
Bra ongeskik op die strand.

twee rye onder die balkon te sit waar die klank die slegste is. Niemand het dié aand verwag dat so iets voorlê nie.

Ek het opgewonde en baie senuweeagtig gewag vir die deel waar Pa altyd 'n fout maak wanneer hulle oefen. Hy moes elke keer oor begin. Asseblief, nie vanaand nie, dink ek terwyl ek my oë toeknyp en saggies 'n gebed omhoog stuur.

"Liewe Jesus, moenie dat Pa 'n fout maak nie. Ek sal soet wees, ek belowe."

Daar kom die crescendo en Pa kry dit reg!

"Dankie tog, Liewe Jesus."

Toe die konsert verby is, skree almal bravo and klap hande.

In die voorste ry van die galery, waar ek by my twee formidabele oumas sit, vra Oma Bassel, *"Noch eine Schokolade, mein Liebchen?"* en ons sluk die laaste van haar donker, bitter lekkergoed. Ouma Uys sit in haar kerkgewaad en kyk hoe die Uyse op die verhoog blomme ontvang en herhaaldelik buig uit dank vir die wilde applous. Met trane in haar oë neem sy my hand en sug: "Ag, Pietertjie my kind, wat gaan eendag van jou word?"

Snaaks, dit was nie iets waaroor ek ooit gewonder het nie.

Uiteindelik, in 'n langbroek soos afgeneem deur 'n Adderleystraat-fotograaf.
In my langbroek vir kerk en skool.
As tiener, in strepies en blokkies.

Ouma Uys kon stories vertel in haar dramatiese stem wat soos braaivleisrook op en af gaan en warm en koud voortbring. Sy het ook die gawe gehad om die verkeerde dinge op die verkeerde tyd uit te blaker en Pa het graag die storie van haar en dominee Ahleit vertel.

"Mammie was altyd erg oor dominees. Een Sondag het dominee Ahleit gekom om haar persoonlik na die kerk te begelei. Sy was vroeg reg en het op die stoep gewag. Dit het gereën en die dominee het haar op die stoep gaan groet voor albei dit versigtig by die nat trappe af gewaag het. Maar nie versigtig genoeg nie. Dominee Ahleit se voet het gegly en hy het met 'n oef! op sy agterstewe gaan sit."

Ouma Uys het geskok langs hom gestaan en hand oor die mond afgekyk na hom toe terwyl Dominee sprakeloos na haar opkyk.

Die twee bejaardes. Ouma Uys (bo) en Oma Bassel (oorkant).

"O, my gat, Dominee!" sê sy.
"Nie joune nie, Mevrou. Myne."

Sy en Oma Bassel moes albei in 'n ander taal gesels wanneer hulle by ons gekuier het. Ouma Uys moes die gemak van Afrikaans los vir die verwarrende ingewikkeldheid van die Rooinektaal, terwyl Oma Bassel Engels gepraat het dat dit soos 'n Duitse dialek klink. Hulle het verbasend goed oor die weg gekom, uitstekend eintlik.

Een Sondag was albei oumas by ons vir middagete. Ná die braaihoender en Sannie se heerlike sjokoladesous oor te veel roomys, het ouma Uys aangekondig dat sy vir 'n paar oomblikke gaan lê. Dit het beteken dat ons kinders stilte in die huis moes handhaaf.

Oma Bassel, toe al amper stokblind, maar steeds aan die brei op haar vinnige Duitse manier, was nie van plan om kosbare daglig op slaap te mors nie. Ná 'n uur se ongemaklik dut, weens te veel kos en poeding, verskyn ouma Uys weer en kondig dramaties aan: *"Theresechen? I think I am going home!"*

Dit was haar manier om vir almal te sê dat sy haar dood voel kom. Oma Bassel het nie eens opgekyk van die breiwerk wat sy in elk geval nie kon sien nie.

"Ach nein, quatsch! You can't go home now. We're going to have Apfelstrudel!"

Ek het voor die Donderdagaandkonsert in die stadsaal eers die res van my gesin gaan *good luck* toewens. *Hals- und Beinbruch!* Agter die skerms was die atmosfeer koud en gespanne. Ek het soos 'n diertjie wat in die voorportaal van die slaghuis vasgekeer is gevoel. Daar was die klank van viole wat gestem en fluite wat getoets word. In die sogenaamde *green room* (wat nooit groen is nie) het Ma, Pa en Tessa gewag om op die verhoog te gaan – Pa in sy swart manelpak, Ma in haar lang rok en Tessa vir die eerste keer met gekrulde hare. Opgetof en katatonies van vrees. Waarom is hulle bang vir Mozart? Hy woon dan by ons in Pinelands. Daar en dan het ek besluit dat ek nooit van vrees sal sterf nie, selfs al was ek toe nog nooit self op 'n verhoog nie.

Mense vra my vandag nog of ek senuweeagtig is voor 'n optrede. Nee, ek is nie senuweeagtig nie. Ek is opgewonde. Senuweeagtig sou beteken dat ek dit nie kan doen nie; opgewonde beteken ek kan! Maar die twee voel dieselfde – jy wil kots en pie en poep en hol.

Dit was juis ná nog so 'n Donderdagaandkonsert dat iets, nie iets verskrikliks nie, maar wel iets ontstellends, in ons huis gebeur het. Pa kon nie na die simfoniekonsert gaan nie omdat hy kooroefening in die kerk gehad het en Ma het haar beste vriendin, Molly Walsh, saamgenooi. Sy was die musiekonderwyser by Wynberg Hoër Meisieskool.

Die volgende oggend is daar 'n ander atmosfeer in Homesteadweg 10. Pa en Ma argumenteer hard. Die telefoon lui, maar niemand antwoord dit nie. Deure word toegeklap om ons kinders buite te hou. Ek klop aan die kombuisdeur en Sannie maak oop.

"Wat gaan aan?" vra ek. "Is 'n ouma dood?"

Sannie se uitdrukking is bedruk.

"Jou ma het met 'n swart gesig konsert toe gegaan."

Dit het 'n rukkie gevat om daardie stukkie inligting uit te pluis. Blykbaar was Ma en Molly Walsh so kwaad oor die nuwe apartheidswet wat musiekliefhebbers verbied om saam in die stadsaal te sit, dat hulle hulle gesigte met skoenpolitoer swart gesmeer en aangedring het om in die agterste twee rye te sit omdat hulle swart is, soos die nuwe wet wil hê.

"Was dit 'n goeie ding?" vra ek vir Sannie.

"Nei, dis reg. Net swartes moet in daardie rye sit. Nie Madam nie."

Ek was verbaas dat Sannie dit nie ook snaaks gevind het nie.

Pietertjie Uys sing terwyl sy ma hom begelei.

Ons het elke jaar aan die Engelse eisteddfod en die Afrikaanse kunswedstryd deelgeneem. Die twee was versigtig deur ses maande geskei. Tessa het klavier gespeel en ek, in my kortbroek, het gesing.

Tessa Uys, altyd perfek.

Een jaar is ek ook in die klavierafdeling ingeskryf. Ek het my solo begin, maar in die verkeerde sleutel. Ek stop en begin weer. Steeds verkeerd. Die beoordelaar verbreek die stilte en stel voor dat ek die bladmusiek gebruik. Ek kan nie behoorlik note lees nie. Ek begin weer. Weer verkeerd. Al wat ek hoor, is Ma se benoude giggel. Ek speel toe die stuk in middel C. Dit was die perfekte uitvoering. Ek het nie 'n prys gewen nie.

Pa was elke keer baie beslis. "Julle sorg dat julle wen, hoor? Ek sal die sertifikate in die boonste laai bêre by al ons ander waardevolle goed."

"Ja, Pa."

Ma het ons gaan aflaai en gefluister, "*Enjoy yourselves. And remember, if you win, you get an ice cream; if you don't win, you get two ice creams.*"

Dit was beslis een van die klein wegwysers wat my lewe verander het.

Natuurlik het Sannie die beste roomys in die wêreld gemaak, veral wanneer mense by ons kom eet het, gewoonlik op 'n Dinsdagaand. Dit was die hoogtepunt van my week. Ons het nie 'n gewone eetkamer gehad nie, maar 'n lang eetkamertafel in 'n *bay window* met twee banke aan weerskante en sitplekke vir twee klein mensies aan die een punt. Ek en Tessa het daar gesit, teen die venster, met vier gaste op elke bank en Ma aan die hoof van die tafel langs die kombuisdeur waaragter Sannie toor.

Ons kinders was altyd welkom. Ma het gesê: "Natuurlik moet julle ook daar wees. Julle is mos deel van die familie en hulle is ook julle vriende."

Met Pa wat bylas: "Ja, maar as julle iets het om te sê, maak seker dat ons almal belangstel in wat julle gaan sê. En as julle verveeld raak, kan julle julle huiswerk in julle kamers gaan doen."

Huiswerk was die laaste ding in my gedagtes. Die kos was heerlik, die gaste opwindend. Uncle André, een van Pa se oudste vriende, was

Uit The Cape Argus van 21 Januarie 1933: Dis hoe ons huis gelyk het net nadat dit gebou is.

The dining-room corner of the cottage lounge is bright, comfortable and picturesque. It is an admirable solution of the space problem.

Die inham en komvenster wat die kulturele middelpunt van ons lewe geword het (en waar ek in die winter aan my gunstelingkos gesmul het – warm noedels met bittersjokolade wat daaroor gesmelt is).

altyd baie vriendelik en het elke keer 'n spesiale geskenk vir my gebring – die heel beste sjokolade wat daar is, Côte d'Or, wat ek dadelik in my sokkielaai gaan wegsteek het en wat Sannie die volgende oggend uitgesnuffel en verslind het. Sy't altyd iets van almal geweet.

"Ja, daai ou mense is jou ma se pelle uit *Germany*. En daai twee met die groot neuste is djode. Oppas vir daai ou man. Uncle André. Ja, hy's mos 'n *ballet dancer*. Kyk, sy hare is blou! Hy ruik soos jou oumas. Oppas vir hom!"

Maar foeitog, Uncle André het 'n probleem gehad met sy regterbeen, seker seergemaak met al die ballet. Elke keer wanneer hy langs my gesit het, het dit gedurig teen my been geskuur, liggies op en af. As ek myne wegskuif, is syne binne sekondes weer vryend daarteen. Eenkeer het hy na my geloer en geknipoog. Ek het so geskrik dat ek terug geknipoog het terwyl Tessa my onder die tafel skop, dik van die lag.

Toe spring ek op en druk tussen almal en die muur deur en gaan kombuis toe na waar Ma en Sannie besig is met die braaiboud.

"Ma, Uncle André touched me on my leg again. Not just once!"

Ma het opgehou om die sous te roer en stip na my gekyk. Ek het weer alles vertel, dié keer met die knipoog by. Sy het diep gesug.

"Well, darling, if you don't like it, sit somewhere else."

Wat? Iewers anders sit? Maar wat dan van die Côte d'Or? Nee, wat, ek bly waar ek is, knipoog en al.

Die meeste van Ma se vriende was Duits, van hulle was moontlik Joods, hoewel niemand geëtiketteer is nie. Hulle was net vriende wat die Derde Ryk oorleef het, terwyl Pa se Afrikaanse vriende probeer het om hulle Eerste Ryk te oorleef. Daar was nie televisie nie, maar daar was gesels. En hulle kón gesels, hierdie oorsese mense, berese vriende met stories van die Salzburgfees in die sneeu en Herbert von Karajan wat Verdi dirigeer met Leontyne Price as Aida. Almal het hulle avonture in die wêreld daarbuite gedeel. Dit was nie altyd snaaks nie, maar dit is altyd met humor vertel.

Soms het ek wel onthou van my huiswerk. "Ek moet gaan huiswerk doen, *I must do homework. Ich muss arbeiten*," kondig ek dan aan en groet almal hartlik, ook Uncle André met nog 'n knipoog en 'n diep sug. Maar dit het nie net om die huiswerk gegaan nie. Daar was Springbok Radio! Dit was *verboten*.

"Geen draadloos ná vyfuur nie! Verstaan jy, Pieter?"

"Ja, Pa."

Maar Oma Bassel het 'n heerlike, ondermynende sin vir humor gehad en het boonop nie van Pa gehou nie. Sy het 'n present vir my ingesmokkel: my eie klein radio. Ek kon dus onder die beddegoed inkruip met my maatjie met sy vuurwarm binnegoed en na al my geliefkoosde stories luister – die vervolgverhaal oor Mark Saxon, die avonture van *Adventure Man* en my universiteit van die verbeelding, *Lux Radio Theatre*, en die grillerige spookstories in *The Creaking Door*!

Stokkiesdraai was dus noodsaaklik, want al die beste sepies op Springbok Radio was in die oggend. Sannie het geluister, maar geweier om my te vertel wat in *Doctor Paul* en *Mary Livingstone, MD* gebeur het. Al hoop was om Ma te oortuig dat ek dodelik siek is.

"Maaaaa, I don't feel nice."

Asof daardie patetiese gekerm haar sou oortuig. Ma het geen simpatie gehad nie.

"Nonsense! You've just got hayfever. Drink a glass of water and go to school."

Nog gehoes, gekerm, patetiese katjie-onder-wiel-van-'n-kar-geluide. Ma sug net.

"Shall I call the doctor?"

Dit kry 'n skielik gesonde *"No!"* van my kant af.

"Alright then, stay in bed. But no radio!"

Wat? Hoe gaan ek gesond word sonder *Wie die liefde nie het nie* en *Die Du Plooys van Soetmelksvlei*?

Een Maandagoggend lê ek weer in die bed, vies, verveeld en gesond. Die voordeurklokkie lui en Ma maak die deur oop. Dis niks vreemds nie. Sy praat Duits. Dis ook nie ongewoon nie. Maar toe hoor ek iets wat ek nog nooit vantevore gehoor het nie. Emosie. Huil Ma? Ek hoor 'n ander vrou se stem. Huil sy ook? Wat is aan die gang? Sannie kom diep bekommerd na my kamer toe.

"Trek aan jou *dressing gown* en kom af. Jou Ma het 'n *visitor* van *Germany*. Sy wil jou ontmoet."

In die musiekkamer stel Ma my voor aan 'n skraal vrou. Hulle was blykbaar saam op skool in Berlyn en het tydens die oorlog kontak verloor. Ons skud beleefd hande. Ma gaan saam met Sannie kombuis toe om tee en *Marmorkuchen* te gaan haal. Ek sien daar is iets op die tannie se arm geskryf. Sy wys my. Dis 'n klomp syfers.

"Is that a telephone number?"

Sy lag. *"You think that's a telephone number?"*

"Is it?"

"Why don't you call it and see who answers?"

Dit was my eerste kennismaking met daardie hel, en dit is ook met humor gedoen.

Ma het nooit oor dáárdie Duitsland gepraat nie. Die Berlyn waarvan sy ons vertel het, was die paradys waarin sy in die 1920's en 1930's grootgeword het; die Weimarjare vol musiek en teater en konserte. In haar Berlyn was pragtige parke naby Neue Kantstrasse 16, Charlottenburg waar sy grootgeword het, langs die Liezenzee waar hulle in die somer geswem en in die winter laggend en skaatsend baljaar het. Tessa en ek was 'n bietjie jaloers omdat Ma so gelukkig was daar, sonder ons.

Hoe anders kon dinge gewees het as Ma daaroor gepraat het? As sy ons vertrou het met die stories van haar vlug na vryheid? Sy kon ons die besonderhede van haar lewe in Berlyn vertel het, hoe sy die ontwrigting en gewoel van die Groot Depressie oorleef het, die sorgvrye sorgeloosheid van die Weimarrepubliek se demokrasie en die onvermydelike opwelling van bruin hemde en swastikas. Om nou die brokkies van haar lewe, wat ek by ander mense bymekaargemaak het,

> **Klavierunterricht**
>
> für
> Anfänger und Fortgeschrittene
>
> Gruppenmusikunterricht
> für Kinder (Methode Tonika Do)
> erteilt
>
> **HELGA BASSEL**
> staatlich geprüfte Klavierlehrerin
> (Hochsch.f.Musik, Bln., Kreutzerschülerin)
>
> Berlin - Charlottenburg   Tel. J 3 Westend 4092
> Neue Kantstraße 16

Die visitekaartjie van die musiekonderwyseres wat by
Neue Kantstrasse 16, Charlottenburg in Berlyn gewoon het.

aanmekaar te probeer sit, gee my 'n eendimensionele prentjie van 'n vrou wat ek nooit werklik geken het nie. Haar ouers was Joods en haar oupa 'n rabbi in Hongarye. Die gesin het vroeg in die 1930's die Christengeloof aangeneem. Hulle het op die derde verdieping van Neue Kantstrasse 16 gewoon. Die woonkamer was in die toring op die hoek van die gebou met 'n venster wat oor die straat uitkyk. Die oggendson was welkom wanneer Helga Bassel by haar Blüthner gesit en oefen het.

Iewers te midde van 1933 se grilpolitiek het manne in uniform opgedaag en buite 'n lang rooi vaandel van die dak af tot amper op die sypaadjie gehang. Dit het by die deur van die slagter se winkel op die hoek geëindig. Wanneer die son op die vaandel val, het Helga Bassel met irritasie na die swart streep van die swastika gekyk wat die gebou in die naam van die Führer eis. Hier verander die storie van rat. Sy het 'n skêr gevat, die venster oopgemaak en netjies 'n vierkant uit die rooi banier geknip om die son in te laat en terselfdertyd twee van die swastika se bene af te sny. Die slagter het die gat in Hitler se ego gesien en haar gewaarsku, maar Helga Bassel het seker net gelag en weer voor die klavier gaan sit.

Franz Michels.

Die strooptog het op 'n sonskynoggend gevolg. Sy was besig om Schumann te speel toe sy die klak-klak-klak hoor. Dis die slagter wat met sy groot slagtersmes op die waterpyp kap, wetend dat die klak-klak-klak in Fräulein Bassel se musiekkamer sal weerklink. Sy hou dadelik op met speel en steek versigtig, met spelde wat reeds uitgesit is, die vierkant terug in die banier, maak die venster toe en sit die foto van haar pa in sy uniform tydens die Eerste Wêreldoorlog, sy Ysterkruis vir dapperheid en die klein Duitse vlaggie uit beter dae in die laai. Toe gaan sy terug na Schumann daar waar sy hom gelos het.

Matig ek my dit aan as ek my verbeel dat die Gestapo wat die woonstelle vir Jode deursoek het die musiekkamer van Fräulein Helga Bassel binnegestorm en met ingenome kopknikke na haar spel geluister het

Helga Bassel.

voor hulle hulle hakke geklik en met 'n *Sieg Heil* Neue Kantstrasse 16 verlaat het? Wie het my nou weer dié storie vertel? Of verwar ek die werklikheid met 'n toneel uit een van die Hollywood-oorlogflieks wat êrens in my geheue skuil?

In 1961 het my ouers 'n rolprent in die Pinelands-bioskoop onder in Forest-rylaan gaan kyk. Ek is nie toegelaat om saam te gaan nie, want dit het 'n ouderdomsbeperking van 18 gehad. Ek wou alles van die film weet – elke raampie, elke skoot van die ma wat haar dogter uit Rome na die berge neem om weg te kom van die Nazi-soldate, van haar verhouding met die mense op die dorp waar sy grootgeword het, van hulle reaksie op die oorlog en hoe die Marokkaanse soldate, wat die land help bevry het, die twee vroue in die ruïne van 'n gebombardeerde kerk vaskeer en verkrag. Hoe die ma haar kragte herwin, al was dit net om haar dogter deur die skaamte en afgryse van oorlog te help. Daardie film, *Two Women*, het Sophia Loren haar eerste Oscar besorg. Het ek ooit toe daaraan gedink om my ma te vra wat sy, iemand wat ook uit oorlog na veiligheid moes vlug, daarvan gedink het? Nee, in al die jare wat ons as ma en seun saamgeleef het, het dié onderwerp nooit opgeduik nie. Die gedagte het nie eens kop uitgesteek net om weer versmoor te word nie. Dit is geheel en al ontken.

Oma Bassel wys my die papiergeld wat hulle in Berlyn gebruik het: Een noot was 50 miljoen Duitse mark werd.

"*Fünfzig millionen Deutsch Mark? Was meint dass, Oma?*"

Sy vertel dat hulle papiergeld in 'n groot mandjie gepak het om een brood by die winkel te gaan koop en dan die brood in 'n handsak weggesteek het op pad terug. Dis toe dat ek besef dat Ma iets nodig het om haar aan die mooi van haar Berlyn en Charlottenburg te herinner. Die *Weihnachten und Würstchen,* die *Wiener Schnitzel und Brezel,* toe sy gelees het van die streke van *Max und Moritz* en geluister het na plate van Richard Tauber wat sing van *Wien, Wien nur du Allein* en Marlene Dietrich met *Ich hab noch einen Koffer in Berlin*.

Ek vind dit by ID Booksellers in Parlementstraat, 'n spesiale present vir Ma se verjaardag: *Unser Berlin in Bilder* – 'n groot boek met honderde foto's van haar geboortestad. Ek het elke week al my tuinnatmaak-sakgeld en sing-by-troues-sjielings bymekaargesit om dit af te betaal. Uiteindelik kon ek die present in die mooiste papier toedraai, met 'n pragtige lint. Dit was belangrik, want Ma was mal oor enigiets wat toegedraai is. Dit kon 'n baksteen wees (en soms was dit), die genot van iets oopmaak, was genoeg.

Ek het my asem opgehou. Sy't die lint, en toe die papier, losgemaak, versigtig, want Pa het duidelik gesê, *"Don't tear the paper, Helga. We can use it again at Christmas."*

Al haar vriende om ons was stil. Die pakkie in Ma se hand was groot. Van Pieter, nogal? Toe is die papier af en my present oop: haar Berlyn in beelde. Ma se breë glimlag het alles gesê. Sy maak die boek oop by 'n swart-en-wit dubbelbladfoto van die hoofstad van Duitsland in 1945. Haar geliefde Berlyn, uitgebrand, plat gebombardeer. Weg. Haar Eerste Wêreld het nie meer bestaan nie.

Sy het omgedraai en almal het vinnig oor iets anders begin praat. My duur present het maande lank net daar bly lê, saam met die vrolike papier en blou lint. Wat het ek verkeerd gedoen?

Natuurlik het ek daardie Berlyn geken – die Berlyn van Hitler en Himmler, Goebbels en Göring. Soos baie seuns, het ek en my maats ook oorlog-oorlog gespeel, geïnspireer deur flieks. Ons het mantels uit kreukelpapier gemaak en hoede se opslaanrande met volstruisvere uit moeë verestoffers versier. Ons het met 'n houtswaard in die een hand en die verbeelde halter van 'n vurige strydros in die ander geveg, nou as Rooihuide en cowboys, dan as Boere en Britte, en soms as koning Charles die Tweede se verfynde ondersteuners en Oliver Cromwell se rowwe manne. Daar was veldslae en bloedbaddens sonder bloed of bad, met hope energie en 'n luide hei-jy's-vrek! En natuurlik moes ons vlae hê.

Ek kry 'n verfkwas en 'n stuk sagte lap in die garage. Al wat ek kort, is verf: baie rooi en 'n bietjie swart. Dit is nie eens nodig om na 'n foto te kyk nie, want die ontwerp is eenvoudig – 'n wit sirkel in die middel van die rooi. 'n Lang stuk waterpyp wat langs die heining lê, is die perfekte vlagpaal. Ou Henry, ons tuinjong, help om dit met draad en tou stewig aan die hekpaal in die voortuin vas te maak. Die verf was nog nat en die vlag het op die gras in die agtertuin in die son gelê. Ek was bang dat die voëls daaroor sou loop en spore op die skoon wit sirkel los. Maar, nee, hulle't weggebly, want Boeboe was daar. Ons wil D-dag speel met geweer en geweld, uniform en pistool. Hulle met Union Jack en Stars and Stripes, en ek met my vlag. Dit was die voor die hand liggende keuse. My ma was mos Duits.

Ou Henry was altyd mal oor ons skermutselings in die agtertuin – ek met my magte agter die kweekhuis en die vyand wat onder die wasgoedlyn tussen die wit lakens en geel handdoeke skuil. Ek sê "Ou" Henry, want hy was nooit jonk nie. Hy was by ons van baas Sannie hom daar toegelaat het. Die hoogtepunt was toe Ma hom met sterk koffie en 'n stuk Duitse *Marmorkuchen* verwelkom het, soos sy almal verwelkom het: met 'n elegante koppie en piering en koekbordjie en koekvurkie. G'n blikbeker nie. Ou Henry het haar in Duits bedank. Hy kon meer sê as net *Danke schön, gnädige Frau*. Hy was self in Duitsland, nie in die regte Duitsland nie, maar naby genoeg om dit met sy eie oë in die verte te sien. Die oorlog het in 1918 geëindig, pas voor hy oor die brug sou marsjeer het. Ou Henry was my held omdat hy in die Eerste Wêreldoorlog was. Daarom was hy meer as net 'n ou, babalaas bruin tuinjong met groen vingers.

Dit is middag en my militêre maatjies is op pad, want dis skoolvakansie. My uniform is gereed, my vlag droog. Ek het dit aan die tou wat deur die haak aan die bopunt van die paal geryg is vasgemaak en gedempte geluide soos die geblaas van 'n beuel en gerommel van tromme gemaak, terwyl ek dit seremonieel hys. Die wind het die vlag gegryp en oopgepluk sodat dit wild en woes in die Suidooster waai. Dis toe dat Ma met haar kar om die draai kom en in die oprit stilhou. Sy klim uit en leun weer in om haar handsak en bladmusiek uit te haal. Ou Henry kom uit die garage met 'n groet in Duits en 'n boks dennenaalde wat die wind in die garage ingewaai het.

"Ma!" sê ek opgewonde, "Kyk my vlag! Ons gaan vandag *D-Day-D-Day* speel."

In my gedagtes sien ek nog hoe sy met 'n glimlag na my kyk. Ek wys met my vinger na waar die vlag in die lug wapper. Met 'n amperse stopaksie kyk sy op en sien die rooi vlag met die wit kol in die middel waarop die swart simbool pryk. Sy kyk en kyk, lank, asof die oomblik in swart en wit vasgevang is. Toe draai sy vinnig om en gaan in die huis in. Haar handsak en bladmusiek is nog op die dak van die kar.

"Kyk, Henry," koer ek trots. "Lyk goed, nè?"

Hy skud sy kop stadig met sy oë op die wapperende vlag. "Ja, Master Pieter," sê hy, "maar ek dink nie jou moeder hou daarvan nie."

"Ek weet nie," sug ek. "Sy't gesmile."

Regtig? Is dit wat ek gesien het? Is dit wat ek geglo het? Dat Helga Bassel van Neue Kantstrasse 16, Charlottenburg, Berlyn, nou woonagtig te Homesteadweg 10, Pinelands, Kaapstad, in die perfekte blou Suid-Afrikaanse lug opgekyk het na die vlag van Adolf Hitler wat voor haar huis wapper en geglimlag het? Ná al die rolprente, die MGM-Hitlers, die alewige swastikas en beelde van Berlyn voor, gedurende en daarna? Ondanks die Duits waarin ek met Ma en Oma geklets het? Het niks by my geregistreer nie?

Ou Henry het die vlag afgehaal en Sannie het dit vernietig. Hulle het my nie gevra waarom ek dit gedoen het of verduidelik waarom dit nie reg was nie. Dit sou heeltemal ongehoord wees. Meide en tuinjonge was nie veronderstel om oor sulke dinge te besluit nie. Weet hulle nie wie ek is nie? Ek is master Pieter! Ek is wit en my kakie-uniform is dieselfde uniform wat mans in my land dra wanneer hulle hulle vlag salueer.

Ek probeer onthou of ek en Ma ooit oor daardie tyd in haar lewe gepraat het. Oor my Nazi-vlag is niks gesê nie. Ma het, dankie tog, blykbaar nie vir Pa daarvan vertel nie. Ek is weer elke Saterdag terug na die Savoy in Rosebank om my Superman-*comics* in die voorportaal te ruil en oorlogsfilms uit Hollywood te kyk met D-dag en Dunkirk, Spitfires, Messerschmidts en tenks. Met die Noord-Afrika-woestyn en Rommel en Monty, hy wat elke slagting loshande gewen en die Amerikaners wat uiteindelik die hele wêreld gered het. Daar was Burt Lancaster as soldaat en Marlon Brando as kolonel. Soms was daar selfs Britte. Die vyand was elke keer daardie vieslike, donnerse Nazi's met daardie aaklige vlag.

Die mense wat eerste doodgegaan het, was altyd die bang, maer mense agter draadheinings . . . die bang, maer mense agter draadheinings in kampe . . . die bang, maer mense agter draadheinings in kampe met 'n geel ster op hulle baadjies. Eers nadat die Berlynsgebore moeder van Pietertjie Uys dood is, het ek besef dat Helga Bassel Joods was. Dus geniet ek nou my uitgebreide CV. Of ek Joods-Afrikaans of 'n Afrikaner-Jood is – ek behoort aan albei uitverkore volkere!

Ek word gedurig gevra hoe dit moontlik is dat ek nie geweet het my Ma is Joods nie. Ek het nie 'n antwoord nie. Pa moet geweet het, want ek het later jare uitgevind dat die Afrikaner-elite druk op hom geplaas het en hom verdoem het omdat hy in 1940 met 'n Jood getrou het. Wat nog te sê 'n Duitser. Ek het gedink Ma is Luthers want sy het ons na die Lutherse kerk geneem om na die Duitse koorsang te luister. Haar broer, Gerhardt, wat in 1936 op ski's deur Switserland ontsnap en hom uiteindelik in Kaapstad as die man van Anna M Louw gevestig het, moet geweet het. Sý moet geweet het. Kort ná Ma se dood het oom Gerhardt eendag in die verbygaan genoem dat hy Joods is. Ek was nie juis verbaas nie, net bly om die waarheid te hoor.

Tessa en ek het op skool baie Joodse vriende gehad en ons het graag by hulle gaan speel. Die kos was wonderlik en ek het gewoonlik verlief geraak op die ma's. Nowell Fine, my *Jewish African princess*, het haar karakter grootliks te danke aan die geraas van daardie sprankelende, luidrugtige, juweelbelaaide kugels.

Tessa vertel dat sy en haar beste vriendin, Denise, en Ma een aand in 'n hysbak was, op pad om aan die eisteddfod te gaan deelneem. Toe hulle in die saal kom, fluister Tessa vir Ma dat Denise sekerlik die medalje gaan wen omdat sy verskriklik musikaal is omdat sy Joods is.

"*Oh, Ma, I wish I was also Jewish.*"

Was dit nie die perfekte geleentheid vir Helga Bassel om haar geheim te verklap nie? Tessa sê Ma het soos altyd net effens skeef geglimlag en Denise het die medalje gewen.

Ek het altyd twee briewe by my. Die een, op 'n amptelike briefhoof met 'n swastika boaan, is in 1935 deur die Berlynse kantoor van die Reichsmusikkammer aan Fräulein Helga Bassel, Neue Kantstrasse 16, Charlottenburg, Berlyn, gestuur en sê in swaar, amptelike Duits dat sy nie meer in Duitsland mag klavier speel nie, want sy is 'n Jood. Ek sit dié brief langs my neer wanneer ek skryf om my te herinner hoe maklik koue, getikte woorde warm drome kan vernietig. Helga Bassel het dit geïgnoreer en in 1936 het sy gespeel waar sy wou en voor wie sy wou, selfs die musiek van die verbanne Jood Mendelsohn.

Haar vriende was geskok en bang, selfs dié wat nie Joods was nie. Een van dié wat nie Joods was nie, was haar verloofde, doktor Franz Michels, 'n professor in geologie aan die Universiteit van Berlyn. Hy't miskien geweet wat wag, want hy het twee jaar tevore haar ouers Suid-Afrika toe gestuur. Wat kan verder van Nazi-Duitsland wees as die Kaap van Goeie Hoop?

"Helga, ek kan jou nie langer beskerm nie. Vat jou klavier en gaan kuier vir jou ouers in Kaapstad. Hierdie besigheid sal net 'n paar maande duur." Daarom is Helga Bassel en haar Blüthner per skip van

1934: Helga en Franz speel 'n duet op die Blüthner.

Bremerhaven na die Kaapse hawe. Die eerste werk wat sy in Kaapstad as professionele pianis gekry het, was 'n uitvoering in die stadsaal: van Mozart se komposisie vir twee klaviere saam met die Munisipale Orkes en 'n Suid-Afrikaanse pianis met die naam Hannes Uys. Daarom moet ek twee mense bedank dat ek vandag hier is: Ek sê dankie aan Amadeus en ek sê dankie aan Adolf.

Die tweede brief is 'n afskrif van die een wat Ma in 1948 aan haar beste vriend in Duitsland geskryf het. Sy en Franz Michels het mekaar ná die oorlog weer opgespoor en vir mekaar geskryf. Helga Bassel, nou mevrou Hannes Uys, vertel (in Duits) waar sy haarself bevind:

> Ek sit in De Waalpark in Kaapstad. Dis 'n pragtige somersdag. Tafelberg staan voor my soos 'n rotsmuur. My driejarige blonde seuntjie, Pieter, speel in die gras met ons worshondjie, Fritz. Daar is 'n bordjie op die bank waarop ek sit wat sê "Slegs Blankes/Whites Only". Hoe het ek hier beland vanuit 'n plek wat "No Jews/Juden raus" geskree het?

Ek het nooit die vrou wat so praat geken nie. Sy't selfmoord gepleeg voor ek die moed gehad het om haar te vra.

> "As iets verskrikliks gebeur, gryp die boonste laai en hardloop na die bure."

Daardie stukkie papier het maklik in Pa se boonste laai gepas. 'n Blad uit 'n notaboekie geskeur met vyftien woorde in potlood daarop geskryf: *"Hannes Pieter Tessa. Forgive me. I don't want to be a burden. I love you."* Vandag het haar gemoedstoestand 'n naam: bipolêr. Vandag is daar medikasie. Vandag praat mense daaroor. Vandag is dit deel van die lewe. Maar op daardie dag, 26 Mei 1969, was dit die einde van 'n lewe.

Ons het 'n liefdevolle ma en pa gehad, maar ook twee ouers wat agter geslote deure geleef het. Met tye was daar spanning tussen hulle, iets wat ek nie kon verstaan nie maar kon aanvoel. Dit was nie oor argumente of irritasies nie. Ek besef nou dat haar depressie hulle huwelik baie beïnvloed het. Ek weet hy was dolverlief op haar en sy was mal oor hom. Ek het briewe wat oorloop van deernis en humor wat hulle aan mekaar geskryf het, dikwels met kriptiese verwysings en woorde wat skimp van spesiale oomblikke en ervarings. Maar dit was net in briewe. Ek het nooit besef hoe groot hulle passie vir mekaar is nie.

Ek en Tessa het geglo dat daar 'n goeie rede is waarom Ma vitamienpille drink. Soms was die dokter by ons huis wanneer ons van die skool af kom. Dan is ons gesê om nie te raas of haar te steur nie omdat sy slaap. Een middag was tannie Anna daar, wat ongewoon was, want sy was 'n dosent aan die Universiteit van Stellenbosch *en* dit was boonop 'n weeksdag. Ons is saggies gesê Ma voel nie lekker nie en om asseblief nie enige geraas te maak nie.

Was haar wanhoop so diep en donker dat sy vergeet het hoe lief ons vir haar is? Sy het geweet dat die pad skerp regs draai by die hoë baksteenmuur, want sy't elke dag dieselfde roete gery tussen ons huis en die skool in Bellville waar sy klavierlesse gegee het. Sy moes per ongeluk die petrolpedaal platgetrap het in plaas van regs swenk. Sy kon gesterf het. Ek en Tessa wou nie eens daaraan dink nie. Niemand het ooit van 'n "ongeluk" gepraat nie. Selfs ná die koms van 'n nuwe tweedehandse Austin het Pa gesê dat die ander kar stukkend is.

Toe sy uiteindelik daarin slaag om haar lewe te beëindig nadat sy seker gemaak het dat daar geen kans op mislukking is nie, nie as die krans so hoog is nie, nie as die rotse daaronder so skerp is nie, was Pa se wêreld verpletter. Hy wou nie na musiek luister nie. Hy wou nie klavier speel nie. Hy het sy plig as orrelis sonder plesier en sonder 'n koor nagekom. Ek dink nie hy het ooit daaroor gekom nie. Haar naam is selde in sy teenwoordigheid genoem. Ek het pal aan haar gedink en dink steeds pal aan haar. Ek sal dit môre weer doen. En oormôre. En die dag daarna.

Pa was nie altyd 'n streng vreemdeling met wie ek moes baklei nie. Hy het homself af en toe toegelaat om stoute woorde te gebruik wat ons kinders nooit durf fluister het nie. Soos poephol. Sy proeslaggie het baie dinge heelgemaak, in ons huis en in my lewe. My ma se selfmoord sal nooit vervaag en verdwyn nie. Tyd het dit wel moontlik gemaak om plesier te vind in die onthou van haar aansteeklike gegiggel, soos die slag toe sy in die kerk op 'n man se hoed gaan sit het en ons moes buitentoe gaan omdat ons kliphard histeries gelag het.

Dié foto is in 1952 in Hermanus geneem, in die Voëlklip-huis waar ons vakansie gehou het. Dis van 'n spesiale man en 'n besonderse vrou wat mekaar geniet terwyl hulle lag. Ek wens ek het geweet wat so wonderlik snaaks was.

Hoewel ek en Tessa geweet het dat Ma elke dag haar vitamienpille drink, het ons nooit geweet sy word vir depressie behandel nie. Haar dokter het sterker pille gevind wat haar beslis meer sou help. Die dag toe sy die pille gaan haal, was die dokter op die gholfbaan en sy jong assistent het vergeet om vir mevrou Uys te verduidelik dat die nuwe, sterker pille haar aanvanklik eers terneergedruk sal laat voel.

Sy't tuisgekom, die instruksies gelees en drie pille gesluk soos voorgeskryf. Sy moes die oggend 'n klavieruitvoering van Mozart, Schumann en Schubert in die radioateljee van die SAUK in Seepunt opneem. Voor sy Homesteadweg 10 verlaat het, het sy voor die klavier gaan sit om gou haar vingers met 'n bietjie Scarlatti op te warm. Sy't haar hande op die klawers gesit, maar haar vingers wou nie werk nie. Haar grootste nagmerrie het waar geword. Sy kan nie meer klavier speel nie.

Sy het daarna nie Seepunt toe gery nie, maar Houtbaai toe en van daar af verder op met Chapmanspiek-rylaan tot waar die uitsig op sy mooiste is, daar waar ons dikwels gestop het om foto's te neem. Sy't stilgehou, uitgeklim, haar jas opgevou en op die agtersitplek neergesit, haar handsak oopgemaak, die klein notaboekie uitgehaal, een bladsy uitgeskeur en met 'n potlood vyftien woorde geskryf, die nota opgevou en dit op die voorste sitplek van die motor gelaat.

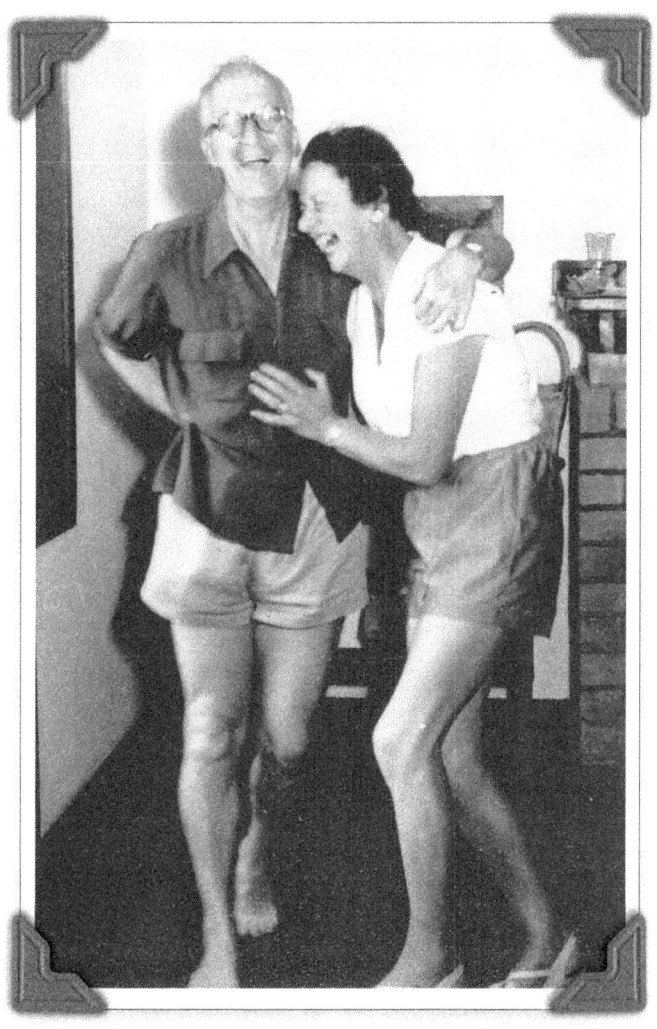

Op vakansie. Sonder bekommernis. Sonder probleme. Net lekker . . .

Pa het altyd mense wat die Kaap vir die eerste keer besoek soontoe geneem. Hy het van die ander kant van die berg af oor Constantianek gery, deur Houtbaai en met die Chapmanspiek-pad tot heel bo. Hy het dit ons Amalfi-kus genoem. Toe ek self later daardie panorama suid van Napels sien, het dit glad nie soos die kronkelpas uit my kinderdae gelyk nie. Dit was waar ons altyd foto's geneem het. Daar is kiekies waarop van ons vriende by is en daar is 'n swart-en-wit koerantuitknipsel met die foto van die plek waar mevrou Hannes Uys afgespring het.

Daar is dinge omtrent daardie dag op Chapmanspiek waaroor ek selde praat, iets wat die herinneringe nog afgrysliker maak. Ek het die feite omtrent haar dood en die daaropvolgende hoofstuk gehoor toe ek en Tessa van Londen af terugkeer en op die destydse DF Malan-lughawe in Kaapstad land.

In Londen is ons kortliks oor die foon ingelig dat Ma 'n ongeluk gehad het en dat sy *fine* is, maar dat ons liewer huis toe moet kom. Toe ek albei tantes in die aankomssaal sien wag, het ek dadelik geweet dat iets verskrikliks op ons wag. Ek het hulle vermy en in die koerantkiosk gaan asemskep. Toe sien ek die *Cape Times* se voorbladfoto en *Die Burger* met die hoofopskrif: *Helga Bassel selfmoord – Jong man sterf.*

Lede van die bergklub het met toue oor die krans afgesak om die lyk van die vrou op die rotse te gaan haal en 'n tou het gebreek. 'n Jong man het na sy dood geval. Hy het net 'n paar tree van haar af gelê. Hy en sy vrou het pas hulle eerste baba gehad. Ek het lank skuldig gevoel oor sy dood. As ek daar was om te help, het dit dalk nie gebeur nie.

'n Mens herstel nooit van so iets nie en soms wil jy nie, want jy's bang jy vergeet die giggel, die lag, die liefde. Daar is nou net 'n leë raam sonder haar foto in die middel van my geheue. Genadiglik is haar musiek altyd by my – Mozart, Schumann, Schubert, Scarlatti, Liszt, Brahms – maar daar was geen musiek by haar gedenkdiens nie, net 'n ysige stilte in die Maitland Krematorium, 'n paar tree van die oorgang waar ek en Pa elke Sondagoggend vir die trein gewag het. Almal was daar – al die vriende wat by ons geëet en saam gelag het, musiek gemaak het, wat ons liefgehad het, het nou saam met ons in die doodse stilte gesit. Iemand het seker gaan vra: "Verskoon my, maar het julle nie enige klassieke musiek nie? Klaviermusiek? Helga Bassel was 'n briljante pianis, 'n talentvolle musikus. Help haar asseblief met mooi musiek."

"Ja-nee, jammer. Ons sal gaan soek."

Hulle het in die kantoortjie gaan soek. "Kyk in die laai . . . wat is dit? Frederick Händel? Orrelmusiek. Ja, dis mos klassiek."

Hulle druk die kasset in die kassetspeler en dit speel. Miskien het die band te lank in die son gelê, want die orrelklanke was 'n verdorwe, verwronge gemors. As dit iemand anders se diens was en Ma langs my gesit het toe dié aaklige geluid oor die luidsprekers kom, het sy sekerlik onmiddellik begin giggel. Haar geproes sou almal aangesteek het. Glo my, kerkbanke het dikwels skaamteloos gebewe soos ons lag. Die Vader weet, ons almal het dit op daardie oomblik bitter nodig gehad, maar Ma was nie daar om te help nie.

Ek sal nooit weer iets so aakligs soos daardie geraas hoor nie. Ek het uit die kapel gehardloop en liewer tussen vreemdelinge se grafte gaan staan. Toe hoor ek dit. Die trein! Die lokomotief en die waens ry verby, maar niemand waai by die vensters uit nie. Die een persoon met wie ek kon praat, is vir altyd weg.

Maar ek het die adres van iemand ver weg gehad en het 'n brief geskryf: "*My mother jumped off Chapman's Peak and is dead. I don't now what to do.*"

Ek het dit gepos. Vyf dae later kom 'n antwoord per spoedpos by my aan:

> *You must help your father and sister. You must not cry now. You will be able to do it one day, but not now. Now you have to be brave. Be brave and keep up your courage. I love you. Sophia.*

"Ag nee, toe nou, Pieter-Dirk Uys. Is jy *serious*? Jy versamel steeds foto's van 'n filmster? Komaan, man, jy's nie meer twaalf nie!"

Ja, dankie. Ek weet ek is nie meer twaalf nie! Ek is nou twee-en-sewentig en sy is drie-en-tagtig, maar eens op 'n tyd was ek sestien en sy sewe-en-twintig.

Ek maak klaar met matriek en skool is verby. Ma gee my die

Die Uys-gesin op Chapmanspiek.

Die Uys-kinders op Chapmanspiek.

wonderlikste geskenk om my vryheid te vier – 'n retoerkaartjie na die Noordelike Halfrond.

"Pietie, go and see where I come from."

En daar gaan ek op die Union Castle-skip, tien-twaalf-veertien dae op die see, op en af oor die golwe, tot in Southampton. Van daar af is ek met British Rail na Londen en 'n ysige Engelse winter, kouer as enigiets wat ek my kon voorstel, al bibberend, maar met my oë wawyd oop om die wêreld wat buite die treinvensters verby gly te sien. Die huisies met die snaakse skoorstene en . . . wat is dit? Televisieantennas? In Londen sien ek vir die eerste keer swart-en-wit televisie. Ek is ook na 'n regte, egte teater geneem, die Old Vic, om na 'n opvoering van *Othello* deur William Shakespeare te gaan kyk. In die rol van die groot swart held was hulle grootste akteur – Lourens Olivier.

Daarna is ek Duitsland toe, maar nie na Berlyn nie, want dit het 'n muur om gehad, maar na Wiesbaden. Daar ontmoet ek Ma se beste vriend, Onkel Franz Michels, en sy vrou, Tante Friedel. Sy maak vir my haar *Wiener Schnitzel*.

"Pieter, meine Wiener Schnitzel ist die beste im ganzen Welt."

"Ja, vielen dank, Tante Friedel."

Hoe kon ek vir haar sê dat Sannie se Schnitzel in Pinelands beter was?

Van daar af is ek na Parys om die Mona Lisa te bekyk, met teleurstelling, want sy is so klein. En toe? Na Italië! Rome! Want Sy Woon Daar! Ek het 'n swart-en-wit foto uit *Oggi* geknip van die jong, beeldskone Sophia Loren wat by die venster van haar Rome-woning uitleun en vir die kamera waai. Op die agtergrond was 'n sierlike lamppaal en 'n antieke ruïne. Maar die hele Rome is vol sierlike lamppale en antieke ruïnes. Dus het ek drie dae lank, knipsel in die hand, na die regte lamppaal en ruïne gesoek – en het ek albei in die skaduwee van die Victor Emmanuel-monument gevind.

Ek kyk op. Daar is die venster. Sophia woon daar! Ek skryf weer 'n brief.

Dear Miss Loren / Mrs Ponti,

I am in your beautiful city and I love it. And I love all your films and, of course, you. I have your pictures up on the wall of my room and in my scrapbooks. I live in Pinelands in South Africa and I just want to say I love you.

Pieter Uys (U-Y-S, pronounced A-C-E) Net ingeval sy dink "Uys" is 'n spelfout.

Ek klim toe die trappe na die eerste verdieping. (In daardie dae was daar nie sekuriteit nie.) Ek klop aan die deur. 'n Vrou maak oop. Ek praat Engels. Nee, sê sy, ook in Engels, señora Ponti is besig met 'n film, maar sy sal my brief vir haar gee. Ek gee dit; sy neem dit. Sy *ciao*; ek *ciao*. Ek is in die wolke! My brief aan Sophia is afgelewer, finish en klaar. Ek spandeer nog 'n week aan my avontuur in Ma se halfrond en klim toe op die skip terug oor die wye oseaan na Homesteadweg 10, Pinelands – waar daar 'n brief aan my geadresseer wag.

'n Brief met 'n Italiaanse posseël? 'n Brief uit Rome? 'n Brief met haar handskrif agterop: *From Sophia Loren*. Ek kon dit nie glo nie! Dié superster het die moeite gedoen om persoonlik aan 'n klein poepgat van Pinelands te skryf. Ek skryf toe terug, en sy antwoord. Ek skryf weer en sy antwoord weer, en ná jare van penvriendskap kry ek daardie brief wat my lewe verander het met die onvergeetlike woorde: "*Be brave.*"

Uiteindelik ontmoet ek haar die eerste keer in 1975 in Parys. Ek was terug in die stad, nie om weer die klein Mona Lisa te sien nie, maar wetend dat Sophia nou in Avenue George V in 'n woonstel op die vierde verdieping woon – dit sê so in my plakboeke. Ek het presente vir haar en haar twee seuntjies uit Kaapstad gebring. Mooi opgemaak. Ek skryf 'n briefie om daarby te sit.

Piazza D'Aracoeli, 1
Palazzo Colonna
Roma
Tel. 672 843 - 674122 - 681182

Nice, 27/2/965

Dear Peter,

I want to thank you for your nice letter. It was particularly touching and sincere. My best regards and warmest whishes.

Yours

27 Februarie 1965: Die eerste brief van my nuwe penvriend.

Mr. Peter D. Uys
Pinelands
Cape Town
SOUTH AFRICA

PAR AVION
AIR MAIL

1990: In Hollywood ná een van my shows.

13 Julie 2015: In Genève, as beste maats.

Dear Sophia,

I am here in Paris at the Hotel de la Paix, but just want to drop these for you and your boys with my love as always.

With much love again and again and again from Pieter from Pinelands.

Ek gaan by die elegante ingangsportaal in. Daar staan 'n concierge in uniform met 'n pet, medaljes en 'n suur gesig. Ons staar mekaar aan, ek stralend met my pakkies vir Sophia en hy sonder 'n glimlag. Ek probeer in my geleerde Frans.
"*Bonjour, mon General, pour Madame Ponti s'il vous plait?*"
"*Non.*"
"*Oui.*"
"*Non.*"
Ek haal my paspoort uit en maak dit oop by die klein foto'tjie van my en 'n groot ingeplakte een van Sophia. Ek wys dit vir hom.
"Madame Ponti. Sophia Loren."
"*Non,*" sê die wag by haar hek, "*non Sophia Loren.*"
Toe strip my moer en die Afrikaans borrel uit.
"Kak man! Dit staan in my plakboeke. Sy woon hier op die vierde vloer. Sorg asseblief dat hierdie pakkies afgelewer word. Hulle kom van ver. Verstaan jy wat ek sê?"
"*Oui,*" sê die donner wraggies.
Ek laat my geskenke by hom en gaan terug na die goedkoop hotelletjie waar ek vroeër die oggend aangemeld het, 'n nare, tipies Franse ervaring. Die vrou agter die toonbank was baie onbeskof, want ek kan nie Frans praat nie en sy wou nie Engels probeer nie. Nadat sy 'n paar Franse woorde oor my uitgekots het, las sy by: ". . . *and you will not use the bathroom!*"
Toe ek om die draai kom, sien ek haar voor die hotel staan. Sy kyk rond en sien my. En waai. En glimlag.

"Monsieur Arse? Monsieur Arse! Sophia Loren, she phone for you in my hotel. Sophia say she love you. You can use the bathroom!"

Sophia het die hotel gebel en 'n boodskap gelaat om my te nooi vir 'n drankie sesuur by haar woonstel. Ek was tweeuur al aangetrek en reg.

Toe haar sekretaresse my by haar sitkamer inlei, het ek dit reeds geken. Die hele vertrek en alles daarin was in my plakboeke. Die Francis Bacon teen die regtermuur, die ding wat sy van die Vatikaan gekry het teen die ander muur. Haar goue Oscar op die rak en al haar Bambi-toekennings uit Duitsland op 'n tafel. Toe Sophia Loren instap in 'n swart rok met 'n groot rooi roos op – dieselfde rok wat sy op die foto teen my kamermuur dra, reg langs my gesig sodat ek dit kan sien wanneer ek wakker word – was dit asof dié foto lewend geword het en my groet met die glimlag wat ek beter as enigiemand anders s'n ken.

"Hello, Pieter."

Ons het saam met haar twee seuntjies op die tapyt gesit en die Suid-Afrikaanse posseëls wat ek vir hulle gebring het, gesorteer. Die wilde diere was maklik. Die politieke diere het eenkant op 'n hopie gelê.

Sophia tel 'n smal, reghoekige seël op.

"Look, Eduardo, Chipi. This is an elephant's tooth."

Ek draai dit om. *"No, Sophia, you have it upside down. That's the Afrikaanse Taalmonument."*

"What does that mean?"

"It's a monument to the Afrikaans language."

"Why? Is it dead?"

Toe leer ek mevrou Ponti haar eerste Afrikaanse woord: Ja-nee.

As jy in die 1950's, '60's of '70's in 'n kleinerige stad aan die suidste punt van 'n baie groot kontinent grootgeword het en weet dat jou kulturele DNS in die Noordelike Halfrond gewortel is, leer jy om jou inspirasie ver te gaan haal. Sophia het my egter via die voorblaaie van Italiaanse en Duitse tydskrifte in Kaapstad gevind. Marlene Dietrich se langspeelplate met die Duitse liedjies wat ek geleer het, het ek in my kamer gespeel en saamgesing met *Ich hab' noch einen Koffer in Berlin*. Noël Coward en Tennessee Williams se dramas was op die verhoog in die Kleinteater, die Hofmeyr en die Labia. My aangenome koloniale inspirasie was daar, maar die grootste invloed was die mense om my – talentvolle Kapenaars wat met hulle kreatiwiteit en humor, braaf en 'n bietjie mal en altyd vol stories, my vir ewig sal laat glo dat drome kan waar word.

Ek is gelukkig om veilig onder 'n donskombers van vrede te leef. Ek herinner myself gedurig dat ek gebore is in die eerste September ná die grootste oorlog wat die wêreld nog gesien het. Dit beteken dat die saadjie vir my ontstaan geplant is te midde van duisternis en totale vernietiging. Ondanks dié vernietiging het my ouers nie besluit om nié 'n kind in so 'n verskriklike wêreld in te bring nie. Ek was 'n vredesbaba en het nooit nodig gehad om my goed op te pak en vir my lewe te vlug nie, danksy my wit vel.

My nege maande in die Suid-Afrikaanse Vloot was gedenkwaardig om een rede – ek het jong mans van my ouderdom uit heeltemal verskillende agtergronde ontdek. Daar was min aanhangers van Amadeus en Sophia. Dit was in die middel van die 1960's en die deksel was nog stewig vasgeskroef op die kokende pot swart mag. Die Vloot was wit en meestal Afrikaans. Ons God was die oom van my kinderdae. Ons duisend jaar *Reich* was 'n voldonge feit. As blonde matroos het ek nooit my voete op 'n boot gesit nie, maar het nogtans 'n befokte tyd gehad.

My 21ste verjaardagpartytjie is op 28 September 1966 by Homesteadweg 10 gehou, gedurende my tweede BA-jaar en eerste voltydse jaar by die Universiteit van Kaapstad se Kleinteater en dramadepartement. Ek het al my vriende genooi. Die meeste was ook teater-mal en ek het die stoepkamer versier met rolprentplakkate en voorblaaie van *Oggi*, *Bunte*, *Neue*, *Life*, *Vogue*, *Gente*, *Paris Match* en *Huisgenoot* waarop Sophia verskyn. Haar oë was oral in die vertrek op my. Ek het dié vier foto's vir haar gestuur en dit het haar lekker laat lag.

Ná skool was my pad gelukkig taamlik reguit en sonder voorval. Ná my Europese avontuur het ek vir my militêre opleiding teruggekom. Daarna is ek na die Universiteit van Kaapstad vir daardie BA-graad om op terug te val. Ek wou onderwyser word, soos my Engels-juffrou in Nassau-hoërskool, Miss Aloïse Nel. Nie net het sy my lewe verander met die uitstappie na die teater en *King Lear* nie, maar danksy haar het ek my eerste "iets" geskryf.

Sy het ons gevra om 'n gedig in Engels te skryf. Hoe nou? 'n *Poem*? Ek was paniekerig.

"No, Miss, I can't."

"Yes, Pieter, you can."

"No, really, Miss Nel . . ."

"Pieter, you can do anything. If you believe in it and work towards it, you can do anything!"

Ek wou ook eendag as onderwyser dié woorde met 'n benoude leerling deel. Dit het die mantra van my lewe geword. Hier is my *poem*; ek was dertien.

Miss Nel.

HOMECOMING
by Pieter Uys

I see it there behind the trees
The castle of my youth
The tall red chimney marks the grave
of tears of joy and grief
The house is cold and ashen-grey
the doors are locked up tight
The windowpanes are broken out
and filled with a misty light.
A cat sits on the garden wall,
looking at me with stern cold eyes
I see a message in their depth
which reads: 'They did not wait for you.
You went away a spoilt young man
with great ideas in your proud head.
You did not send a word
of how you felt, or if you longed.
You always wanted to be free
and thought that they had wronged.
To you they were a nuisance
and a burden to your joy.
You know now what you were like then
a selfish, hateful boy.
You went alone into the world
and left them on their own.
They did not wait
They could not wait
They're dead, you know, they're gone!'

Miskien was dit dié gedig wat Ma laat sê het dat ek eendag 'n skrywer gaan word. Dit was baie irriterend as jy hard sukkel om toneelspeler te word. Miss Nel het later Mevrou Lamprecht geword en ons het tot met haar dood vriende gebly. Sy het my deur die jare aangemoedig met aantekeninge in die kantlyn wanneer ek nuwe werk vir haar gestuur het. (Ek hoop almal onthou daardie één onderwyser op skool wat hulle lewe verander het bloot deur altyd te luister en te help, en te wys dat enigiets moontlik is met harde werk. Soos Miss Nel vir ons gewys het.)

Die grootste skok was dat Pa baie bly was om te hoor dat ek onderwyser wil word.

"Ja, bokkie, dis 'n wonderlike loopbaan. En daar is goeie salarisse. Kry daardie graad en dan bêre ons dit in die boonste laai by al die ander waardevolle goed."

Sy glimlag en omhelsing was anders as gewoonlik. Heerlik! Maar toe ek by die universiteit gaan registreer, loop iets skeef en ek kies BA(Drama). Dit was glad nie wat Pa verwag het nie. Die glimlag en omhelsing het verdwyn.

"Wat de hel is dit nou? Drama? Jy wil akteur wees! Nee, magtig! Dis mos nie werk nie!" Die ysblou blik was terug in sy oë. Ma was verward.

"I thought you were going to be a teacher?"

"Yes, me too, but I decided to do BA(Drama)."

"Why? Do you want to act?"

"Yes, I think so."

"Think so? You'd better find out. No one can do that for you." Haar giggellaggie help effens. *"It will be wonderful. But if it doesn't happen, always remember, there are two ice creams."*

Die volgende vier jaar was ek by Ikeys se dramaskool waar ek groot helde op hul noemname leer ken het: Beckett, Ionesco, Brecht, Osborne, Pinter, Wilde en natuurlik ook daardie slim donner van Stratford. Ons het ook soms vinnig ingeloer by ene meneer Fugard en oom PG. Elke dag het ek iets nuuts geleer, dinge omtrent die lewe wat ek moeilik kon oordra. Ek het besef dat die teater 'n venster op die wêreld bied en dat elke drama 'n mikroskoop is waardeur ons kan sien wat mense vir mekaar, aan mekaar en oor mekaar doen. Alles was daar, van komedie tot tragedie. Dit was ook uiters verwarrend. Wat is die waarheid? Lê dit in die tweeduisend jaar oue geskiedenis van die drama? Of is dit te vinde in die wêreld buite die teater in my afsonderlike ontwikkelings, weg van die verhoog? Ek het darem geleer om propperse Engels te praat. *I could say the word "darling" be-au-ti-fu-ll-y. Noël Coward would have been very, very proud of me indeeeed!*

Jy sou my egter nie elke dag in die biblioteek kry met my neus in boeke oor tegniek nie. Ek het ander dinge in die oog gehad, hoewel die dinge nie dinge was nie. Ek het nooit besef dat die homoseksuele lewe 'n voltydse werk is nie. Met al die nodige rekwisiete en kostuums en my goue lokke en Pietertjie Uys-glimlag, het ek pens en pootjies in daardie bruisende oseaan gespring. Ek was bewus van die politieke fluisteringe en gesnak na asem agter geslote deure, maar ek was vasberade om beddens en boude binne te dring, altyd penorent en gereed om oor te gee. Senator Robert Kennedy het die Ikeys kom toespreek en dit was moontlik die eerste politieke aria wat ek verstaan het. Ek het aan die sitstakings buite die administrasiegebou deelgeneem, hoofsaaklik om in die massa liggame so na moontlik aan die persoon te kom wat ek daardie week in my visier gehad het.

Mettertyd het die erns van drama my in my tweede jaar beetgepak en die res van my studie was 'n stryd om, soos Hamlet sê, *to be or not to be*. Die geskiedenis en politiek was bloot die agtergrond waarteen ons die karakters op die verhoog moes lewe gee. By die huis was ons daaglikse drama sonder applous of genot. My verhouding met Pa het vinnig agteruitgegaan. Hy het uitgevind dat ek rook toe ek voor hom 'n sigaret in ons sitkamer aansteek, in die geselskap van my *boyfriend* van die week, maar dít het hy nie geweet nie. Was dit die rook wat hom so kwaad gemaak het? Of my aanstellerige Bette Davis-*pose*?

*1966-1968: My eerste vere.
In Adderleystraat, voor die dramaskoolmode van 'n uitklokbroek, platformskoene, lang hare, sigarethouer en Audrey Hepburn-donkerbril (met oë wat daaragter dwaal) oorgeneem het.*

Miskien albei. Dis toe dat ek begin het om by vriende oor te slaap om onder sy oë uit te bly.

Ek en Ma het in die stad ontmoet vir koffie en gesels. Dit het ons gesin bymekaargehou, al was dit met onsigbare doringdraad. Sy het altyd belanggestel in wat ek by die dramaskool doen. Tydens ons opvoering van die musiekblyspel *The Fantasticks* waarin ek een van die pa's gespeel het, het die pianis siek geword. Ma het die volgende aand oorgeneem en om met elke vertoning Helga Bassel op die Yamaha te sien speel terwyl ons "Try to Remember" sing, het my oneindig baie plesier gegee. Mozart, Schumann, Schubert, Liszt en Brahms sou saamgestem het, maar nie Pa nie.

In 1966 het Marlene Dietrich in die Alhambra-teater met haar legendariese eenvrouvertoning opgetree en gehelp om die koers van my lewe te bepaal. Ek het Ma saamgenooi om die openingsaand by te woon. Sy't nee gesê. Maar ek was daar, en elke aand daarna, selfs al moes ek inkruip of inloer, sit of staan.

Wanneer ek voor een van my eenman-"konserte" agter die gordyn staan, of dit nou in Utrecht, Berlyn, Sydney, New York, Edinburgh, Londen, Kopenhagen, Dublin, Boston, Los Angeles, Toronto, Montreal, Ljoebljana, Wene, Salzburg, Hamburg, Beijing of Bloemfontein is, dink ek altyd aan daardie optredes en sê vir myself, "Kom nou, Pietertjie Uys, as Marlene Dietrich dit kan doen, kan jy ook!" Goed en wel, sy

Bo: My aaklige skets met haar lieflike handtekening.

Links: Op die verhoog saam met Die Blou Engel.

By 'n fondsinsamelingsgala vir die Space in die Three Arts-teater. Nie sy nie. Ekke.

was die Blou Engel. Sy het wel vir Burt Bacharach en 'n volle orkes gehad, plus etlike films, 20 treffers, 'n skitterende rok en miljoene aanhangers, maar glo my, as jy alleen in die kollig staan, is jy stoksielalleen.

Ná Dietrich se laaste vertoning by die Alhambra het ek op die verhoog geklim en rooi rose vir haar gegee. Daar was die volgende dag 'n foto in die koerant. Eers tóé het ek geglo dat dit werklik gebeur het. Een van die vorige aande het ek haar gevra of ek my Dietrich-skets vir haar kan bring om te teken.

Sy het daarna gekyk en geskok gesnak: *"Oh God, this is terrible! Are you an artist?"*

"No, I am a drama student," sê ek met 'n droë mond.

"Ah," sug Dietrich, verlig. *"Okay, I'll sign it."*

Toe teken sy dit.

Ja, ek wou akteur word. Ná die vier jaar op dramaskool het ek 'n paar opvoerings agter my naam gehad en mense het my gelukgewens met die geykte "*Darling*, dit was wonderlik!" Ek het hulle geglo. Met 'n BA (Drama) in my sak, het ek besluit om verder te studeer. In Londen. Pa wou nie eens met my praat nie. Al wat hy kon sê was, "Jy kry nie 'n pennie van my nie, boetie. Jy's op jou eie!"

DRAMASKOOL
Links: In my eerste rol, Corvino in Volpone *deur Ben Jonson, saam met David Goatham as Mosca.*

Ek speel Nipple in Little Malcolm and his Struggle against the Eunuchs *deur David Halliwell met 'n baard en te veel ooggrimering.*

Ma het my 'n koevert met geld gegee. Genoeg vir een jaar se studie. *"Pietie, go and find out what you want to do. Whatever it is, I'm excited. Hals- und Beinbruch."*

Ek het haar nooit weer gesien nie.

As die vrou van die sjogoen in 'n Kabuki-drama onder regie van Robert Mohr, weer met oorgenoeg ooggrimering om my oë Oosters en my amper soos my penvriend in Rome te laat lyk.

Al singende en dansende in The Fantasticks *met Pieter Grobbelaar as die ander pa.*

Weer is ek met die Union Castle-skip terug oor die groot see tot by Southampton en Londen, nie as toeris nie, maar as iemand wat die res van sy lewe soek. Gelukkig was Tessa by die Royal Academy of Music en kon ons 'n woonstel deel. Die oomblik toe ek in Londen grondvat, het ek geweet: Die werk begin nou. Lees, luister, leer. Ek was elke dag by 'n ander opvoering. Die kaartjies was heeltemal buite my bereik, maar by elke teater was daar 'n tou by die loketkantoor van mense wat *standing room only*-kaartjies teen 'n pond stuk wil koop. Ek het net een keer sitplek gekry en dit met 'n *restricted view*. Dit was presies dit: Ek het net die helfte van John Gielgud gesien.

Almal was op die Old Vic se verhoog: Laurence Olivier, Alec Guinness, Michael Redgrave, Maggie Smith, Edith Evans, Geraldine McEwan, en almal het Engels gepraat soos net die Engelse Engels praat. As jy eers geluister het hoe Laurence Olivier Engels praat, weet jy dis nie iets wat jy oornag sal regkry nie.

Darling, you can't compete with that!

Ek skryf toe in by die Londense Filmskool (met Ma se finansiële hulp) en daar woon ek, Pietertjie Uys van Pinelands, vier jaar lank in Londen, behalwe vir daardie week in Mei toe ek terug is na Homesteadweg 10, Pinelands om totsiens te sê vir Helga Bassel.

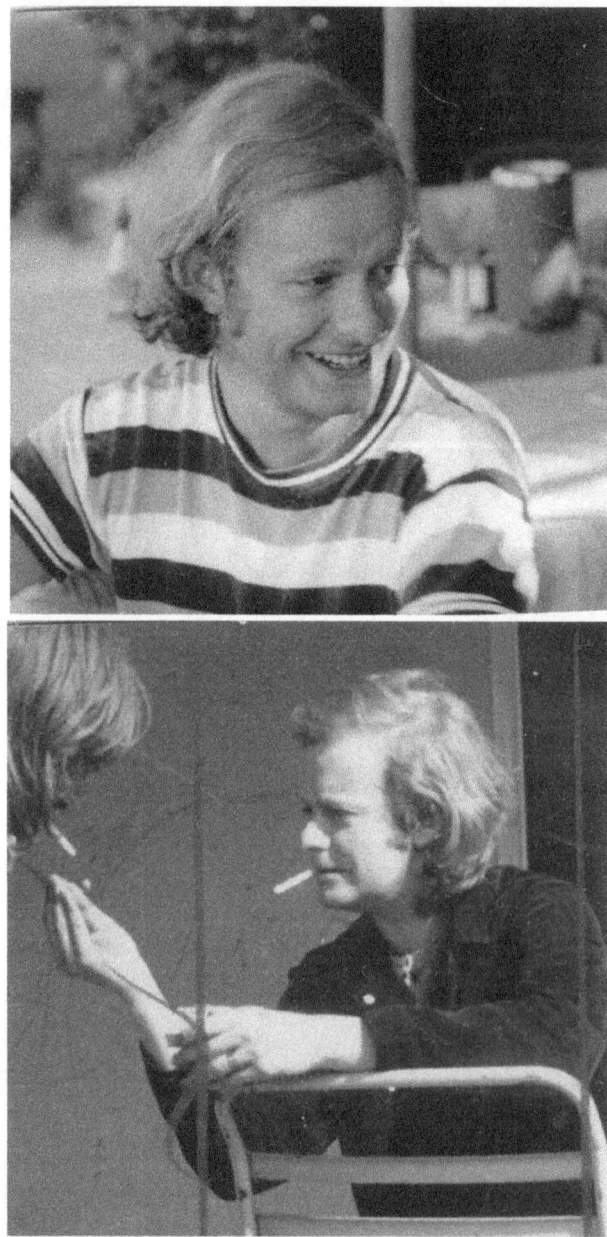

Dit, meer as enigiets anders, was die begin van die res van my lewe. In Kaapstad is ek bank toe om geld te gaan leen vir my studies "oorsee". Onder die omstandighede het ek nie eers gebodder om Pa te vra nie. Ek het net geweet ek moes terugkeer na my nuutgevonde vryheid.

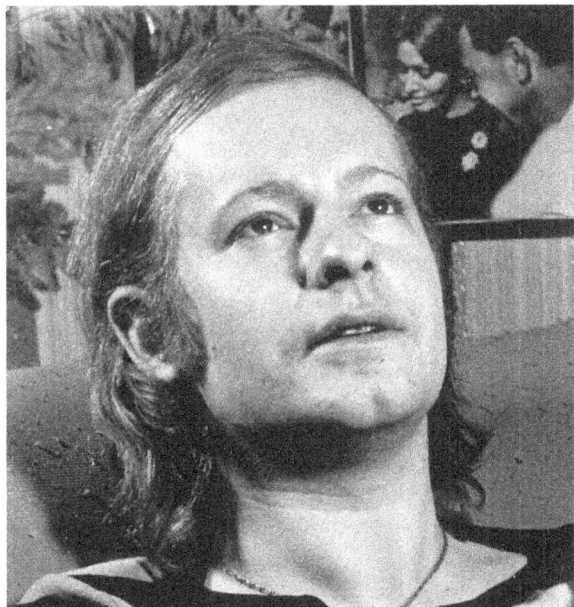

DIE LONDENSE JARE: 1969–1972. Kloksgewys: 1969: Hare.

1970: Nog hare!

Augustus 1971: My eerste toneelstuk, Faces in the Wall, by die Londense Filmskool tydens die lang somervakansie.

1971: Hare en stompie.

Links bo: 1972: My Morris Minor met die afslaankap wat ná 'n marathonrit Napels toe in Versailles uitmekaar geval het. Daarna was daar g'n kar nie.

Links onder: In Tessa se wit konsertrok toe ek moes instaan vir die aktrise wat nie opgedaag het om my eenminuut-advertensie, Milk, te skiet nie. Dit was in my tweede kwartaal by die filmskool.

Onder: 1970: Ek is regisseur van Scorched Earth, my 35 mm-ateljeeprojek, 'n film oor 'n aktrise wat mal word.

As immigrant/student het ek gou die lewe herontdek. Eerstens was ek nou in 'n plek sonder afsonderlike ontwikkeling. Ek het geleer dat vryheid nie net 'n woord is nie; dis die suurstof wat ons aan die lewe hou. Ek kon oor die kleurgrens heen vriende maak, met mense wat nie Calvinisties is nie, met mense wat kommuniste is en mág wees. Wat? Jy is een van die Rooi Gevaar?

"Are you really a communist?"
"'Yes."
"Don't say it so loud!"
"You're a white South African?"
"Yes."
"You should whisper."

Ek het Suid-Afrika in Januarie 1969 verlaat, net ná die geboorte van Sophia se eerste kind. Uiteindelik! Nou kan ek voortgaan met my lewe. Londen was 'n smeltkroes van kulture, kleure, geure, tale, gelowe, idees, moontlikhede én onmoontlikhede. Skielik was dit wettig om onwettig te wees. Daar was geen apartheidstekens nie. Net *British reserve. No dogs allowed* beteken bloot dit en *no dogs* word nie gevolg deur . . . *or natives* soos op ons strande nie.

Homoseksualiteit was nog teen die wet en gevaarlik, maar ek was gewoond daaraan en was dus tuis in dié skemerwêreld. Ek het 'n sesde sintuig vir oorlewing ontwikkel terwyl ek aan die verkeerde kant van versigtig geloop het. Saunas, parke, kroeë, donker spelonke en daardie eg Britse plek waar jy kan kom voor jy gaan – die openbare toilet. Vra maar vir John Gielgud. Hy weet waarvan ek praat. Wie weet, dalk het ons in die nag by mekaar verbygeskuur.

Die blootstelling wat ek in Londen gekry het aan die beelde van oorlog en vrede het my die alfabet gegee om my woede en vrese in woorde uit te druk. Israeli teen Palestyn, die Koue Oorlog van die Weste teen die Ooste, die moorddadige Viëtnam-nagmerrie op die aandnuus. Die Ierse Troubles met sporadiese bomontploffings net om die draai van ons af. En my eerste ontmoeting met die vyand oor 'n bier in 'n kroeg in Islington – 'n jong man van my ouderdom en lid van die ANC, vry en geëerd hier, verban en gevrees by die huis. Hy was nie net 'n bekende "terroris" nie, maar ook 'n befaamde kommunis – en swart. Daar sit ek, wit Christenmoffie met 'n ylerwordende kuif. Ons het binne minute saam gelag en saam gehuil, verenig deur ons liefde vir ons land en siek en sat vir die vyandskap wat net bestaan het om vrees te saai en geld te maak. Ons "Amandla!" en "Vrystaat!" ná elke drankie en lig die glase op ons geliefde fokop in die suide en verveelde gewag in die noorde; hy in sy struggle-katedraal en ek met die reuk van *pariah* vermom as piranha. Ek was beïndruk deur sy geloof in die geweld van reg en vrede. As Twitter toe bestaan het, sou ons albei getwiet het *#ApartheidMustFall*.

Dit was nie nodig dat die BBC se kameras lieg wanneer hulle die onluste uitbeeld nie. Ek het die agtergrond goed geken – Duiwelspiek met my universiteit gewortel in graniet, die bekende blikhuisies op die Vlakte en amperwit middelklaskleurlinghuise van Sannie se bure, woedende jongmense wat klip gooi en ma's wat met hulle babas vlug terwyl pa's teen die koeëls skuil. Skoene wat tussen stukke baksteen en bloed in die teerpad lê. Rook. Ratels. Seuns van my ouderdom met groot gewere. Dit kon net sowel ek gewees het. Is ek dit gespaar omdat my pa die neef is van die eerste eerste minister van die laager, doktor DF Malan? Is ek reg as ek myself in Londen voorstel as die Afrikaanse ekwivalent van Eva Braun se neef? Want dit was danksy die beskerming van my Afrikaanswees dat ek kon word wie ek is.

Ek het die dokumentêre films oor Suid-Afrika op die BBC gekyk en dit afgemaak as tipiese kommunistiese propaganda. Nonsens! Jong wit Suid-Afrikaanse soldate wat swart kinders in die kop skiet in Langa, om die draai van Pinelands? Nooit! Ons doen nie sulke goed nie! Ons is Christene! Ons is ordentlike mense! Nee, nooit! Nooit?

My kommunistiese vriende het bloot geglimlag en vir my nog 'n bier bestel.

Dan die skok van die besef dat dit alles waar is – dit hét gebeur – hoe kon ons nie weet nie? Maar nou weet ek en gaan ek nie weer soontoe nie. Ek gaan in Londen bly. Ná vier jaar was ek Peter Ace.

Ek skryf my eerste toneelstuk, *Faces in the Wall*, oor 'n jong man in 'n koue woonstel in Londen met prente van Greta Garbo teen die muur. Hy het 'n boyfriend en die boyfriend het 'n girlfriend. Ek wonder waar dié inspirasie vandaan gekom het?

Ek vra die hoof van die filmskool of ek dit in die somervakansie in die rolprentteater kan opvoer. Maar daar was nie stoele in die teater nie. "As jy stoele kan kry, kan jy die stuk doen." Ek skryf 32 briewe en vra hulp, en twee antwoorde kom terug. Die Hertogin van Bedford stuur 'n honderd pond, en Elizabeth Taylor en Richard Burton nog 'n honderd. Dis tweehonderd pond! Ek kon tweedehandse sitplekke aankoop. My kop was deur.

Die openingsaand was asemrowend. Ek het die gode en godinne vir wie se handtekeninge ek by verhoogdeure gewag het, genooi. Sommige het gekom. Sommige het nie. Janet Suzman van die Royal Shakesepeare Company was daar. Geraldine McEwan van die Old Vic, Fenella Fielding van die *Carry On*-filmmense. 'n Telegram van

1973-1975: BALLINGSKAP IN LANGSTRAAT, RENAISSANCE IN DIE RUIMTE.

Dit begin goed en my Londense hare is mooi geknip.

Sophia wat lui: "*Good luck. I am making film but send love.*" En 'n kort brief van Marlene Dietrich: "*I am not coming.*"

Twee jaar later kwalifiseer ek aan die filmskool. Ek het selfs werk. "Behoort die skool nie 'n biblioteek te hê nie?" Ja. "Ek sal dit bestuur." Oukei. "Moet daar nie praatjies deur akteurs gegee word sodat die studente kan leer hoe om met akteurs te werk nie?" Ja. So kry ek Glenda Jackson om met die studente te kom praat. Ek vra Ingrid Bergman, wat sê: "*Thank you, but I am frightened of students.*" En Alfred Hitchcock sê: "*I hate students.*"

Ek kon "darling" pragtig uitspreek. En ek spel U-y-s met 'n A: A-c-e. *Hello, darling.*

Ek kry 'n poskaart van my beste vriende in Kaapstad: Brian Astbury, wat al ons produksiefoto's op dramaskool geneem het en sy vrou, ons beste aktrise, Yvonne Bryceland.

"KOM TERUG," skryf hy in hoofletters. "*We're opening a non-racial fringe theatre in Cape Town called The Space. We are going to break every apartheid law in the book and get into fantastic* kak! *Come and join us!*"

Ek wil dit doen, liewer as enigiets anders, maar ná vier jaar is my nek rooi. Ek is Peter Ace. Ek is lid van 'n vakbond. Ek is Engels.

. . . maar kort voor lank gaan dit vrot.

I'm English, darling!

Ja, *darling.*

Om Brits te speel is amper moeiliker as om swart te word.

In Januarie 1973 pak ek my lewe in Londen op met Mimi Coertse wat "Boereplaas" op die agtergrond sing en ek reis terug in tyd, terug na Suid-Afrika met afsonderlike ontwikkeling, sonder televisie, sonder

. . . en dan weer fantasties! As Don in Athol Fugard se People are Living There.

Is dit dalk waar alles begin sin maak het?

'n Old Vic en met minder vryheid van spraak. Terug na Homesteadweg 10, Pinelands. Terug na Pa. Ek en Pa. Sonder Ma en met Tessa in Londen. G'n Sannie of Boeboe nie. Maar Die Ruimte wink.

"Nonsens!" sê Pa. "Wat soek jy by daardie hippies? Jy het nou jou graad, jou filmskool-ondervinding. Jy moet ordentlike werk kry met

'n goeie salaris. Gaan Johannesburg toe en sluit by die SAUK aan. Ons kry mos een van die dae televisie. Jy kan goeie geld verdien. Jy hét mos nou kastig 'n dramagraad. Gaan na die Nico Malan en werk vir Kruik. Jy moet die geld terugbetaal wat jy geleen het om in Londen te studeer. Ek gaan jou nie help nie. *You must pay back the money!*"

"Toemaar Pa," antwoord ek flou. "Die Ruimte betaal my R20,50 'n week!"

Dit was genoeg om te oorleef, maar ons kon in elk geval nie ons geld uitgee nie; ons was te besig om die aanvalle op die teater te probeer oorleef.

Komedie was nog altyd een van die pilare van teater en ek wonder soms of ek met opset of per toeval in daardie rigting beweeg het, maar Die Ruimte het my in ander aspekte van die teater uitgedaag. Ons moes alles doen: Die dramas skryf, opvoer, stel bou, meubels vind en die rolle vertolk. Ek onthou goed hoe Pa nou en dan die gratis kaartjie na 'n opening gebruik en dan kliphard gegrom het, "Magtig, my hele donnerse huis is op die verhoog!"

Ons moes ook verhoog afwas, koffie bedien, kaartjies verkoop en die een of twee swart mense in die gehoor versteek wanneer die veiligheidspolisie kom kuier. Ek het my eerste toneelstukke in dié tyd geskryf. Ek moes my lewe in die eentonige eenkleursamelewing uitbeeld – homofobies, xenofobies, multifobies, befoktefobies. Ons vir jou Suid-Afrika!

My eerste twee Afrikaanse dramas het my laat kennis maak met die groot liefde van my lewe: die Publikasieraad van Suid-Afrika. Hulle moet van my gehou het, want hulle kon my nie uitlos nie. *Selle ou storie* kon jy sien, maar nie lees nie. *Karnaval* kon jy lees, maar nie sien nie. Ek kon nie groter onsin uitgedink het nie en ons was vir mekaar bedoel. Dit was belaglik en vandag lag mense lekker daaroor, maar dit was nie toe snaaks wanneer die polisie nóg 'n bruin staatskoevert met amptelike dokumente aflewer nie. Die Eendrag Maak Mag-wapen was fors en formeel op die koeverte geadresseer aan Pieter Uys, Die Ruimte-

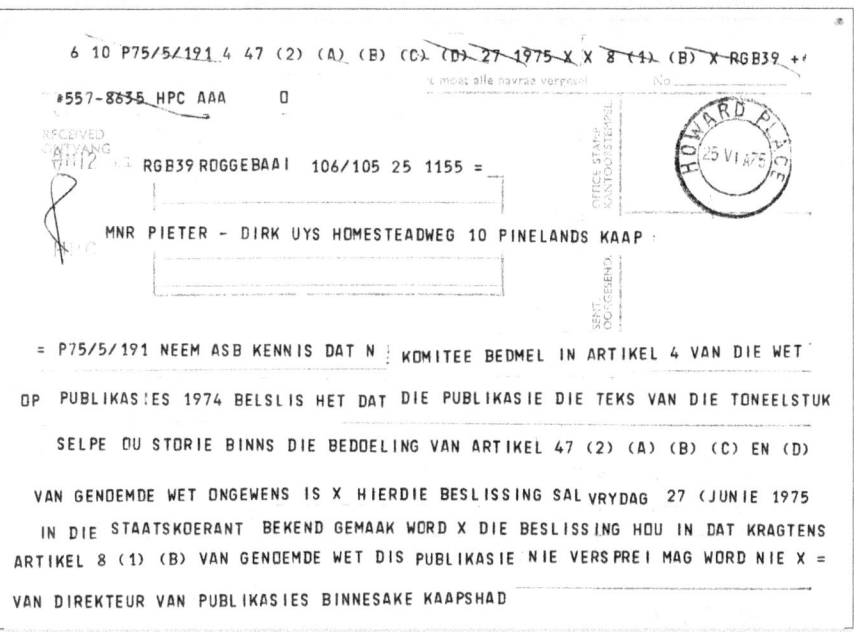

25 Junie 1975: 'n Telegram van die Publikasieraad oor die verbod op Selle ou storie, *iets waaraan ek gewoond begin raak het.*

teater, Bloemstraat, Kaapstad. Snaaks genoeg was die eerste vingerwysings en aantygings in Engels en, soos toe Pa ons in Engels uitgetrap het, het ons geweet ons is in diep moeilikheid, al moes ons die woorde soms eers in 'n woordeboek opsoek.

Hulle was ongelukkig oor *Selle ou storie* omdat:

- *The dialogue and the context in which it is used is deemed to be harmful to the relations between the Black and the White inhabitants of the Republic;*
- *The dialogue and the context in which it is used is depicting people in leadership (Afrikaners) with ridicule and contempt;*
- *There is no constant endeavour to uphold a Christian way of life which will offend the religious feelings of many inhabitants of the Republic;* en

> – The general tone, colour and character of the dialogue is offensive and obscene.

Om alles te kroon, was daar twee A4-bladsye vol vloekwoorde, netjies uitgetik. Waar kom hulle daaraan? Dis mos dialoog. Dis hoe mense praat.

"O, nee, meneer Uys, ons mense praat nie so nie!"

Ek het nie geweet ek ken so baie kragwoorde nie! Stel jou voor: Die liewe tannie in die kantoor van die sensuurraad wat op haar Olivetti tik kak-poep-piel-stront-doos-hol-gat-moer. Maar ek sal altyd dankbaar wees teenoor mevrou Van Staden. Ná drie sulke amptelike verbodbriewe, het sy op die laaste bladsy vol onwelvoeglikhede met die hand geskryf, "Meneer Uys! U spel die woord 'fok' met 'n F en nie 'n V nie!"

Pa het nie gelag nie. Hy was woedend.

"Ek het jou oor daardie mense gewaarsku. Wat soek jy daar? Nou is jy boonop met die polisie deurmekaar! En al daardie vloekwoorde?"

"Pa, die enigste vloekwoord wat ek by Die Ruimte gebruik, is die woord 'apartheid'!"

"Moenie daardie vieslike politiek in my huis inbring nie! Wat jy doen, is teen die wet."

"Nee, Pa . . ."

"Ja, Pa!"

Natuurlik was hy bang en met reg, want alles wat ons by Die Ruimte gedoen het, was onwettig en gevaarlik. Dit was teen die wet om swart en wit mense saam in die gehoor te laat sit. Ons het daardie wet verbreek. Dit was teen die wet om swart en wit akteurs saam op die verhoog toe te laat. Ons het daardie wet verbreek. Dit was teen die wet om die publiek se aandag op onsigbare plekke soos Robbeneiland en verbanne mense soos Nelson Mandela te vestig. Ons het daardie wet verbreek. Dit was onwettig om homoseksueel te wees. Ons het daardie wet geïgnoreer. Dit was onwettig om kaal op die verhoog te verskyn. Sommige van die ander het daardie wet verbreek. Ons het dit alles gedoen, wetende dit was reg om "verkeerd" op te tree. Uiteindelik het Pa net een uitweg gehad – hy het my uit Homesteadweg 10 gesmyt.

"Vat jou vieslike kommunistiese, liberale gemors uit my huis uit!"

Waarheen nou? Wat kon ek met R20,50 'n week bekostig? 'n Kamertjie in Langstraat! Die Sodom en Gomorra van die lekker ou Kaap! Die Ruimte en my 24-uur-per-dag-7-dae-per-week-werk was net om die draai. Op die hoek was 'n kêffie waar ek elke oggend na die voorblad van *Die Burger* kon loer om te sien wat my bewonderaars in die regering aanvang.

Dis waar ek gesien het dat die minister van binnelandse sake, doktor Connie Mulder, op soek is na vooraanstaande Afrikaners om by die Publikasieraad aan te sluit. Net die ding vir Pa!

Ek bel hom.

"Wat is dit nou!"

"Pa moet 'n sensor word!"

"Vir wat?!"

"Pa kan ongesensorde films gratis sien!"

En daar word Hannes Uys 'n sensor terwyl die sensors sy seun se werk sensor. Dit het ons verhouding binne weke verander.

Ek kry 'n boodskap by Die Ruimte: "Sê vir my seun hy moet Sondag by my kom eet. En herinner hom dis vis."

Dus gaan ek terug Homesteadweg 10 toe en daar praat Pa vir die eerste keer *met* my en nie *teen* my nie.

"Bokkie, is jy bang vir hulle?"

"Dis die Nasionale Party-regering, Pa. Hulle kom met moord weg."

"Ek praat nie van die regering nie; ek praat van die sensuurraad."

"Selle ding."

"Nee, dis nie dieselfde ding nie. Ek is een van hulle en ek kan dit vir jou sê: Hulle is idiote, seniele ou *fools*. Ons het verlede week 'n wonderlike film van Fellini gekyk en hulle het dit aan flarde gesny. Ek wou hulle vermoor! Moenie dat hulle jou bang maak nie. Maak hulle belaglik."

Wat 'n heerlike Afrikaanse woord: belaglik!

Dankie, Pa. Dit was tyd vir 'n ander soort geraas. As ek Shakespeare se monoloë uit my kop kan leer, kan ek 'n monoloog uit die Staatskoerant leer. En so leer ek om die hele Publikasiewet voor te dra soos Psalm 103 – met aksie – en die sensuurraad met hulle eie wet te bedonner. Die wonderlike ding van politieke kokkedore is dat hulle nooit hulle eie wette ken nie. Die Publikasiewet sê dat een anonieme klag genoeg is om roekelose monde te snoer. Dus het ek self begin kla oor my werk. Sies, sies, sies, sê dit in drie of vier briewe wat die raad uit verskeie oorde ontvang – en soos verwag, reageer hulle vinnig.

"Hoekom het julle my drama verbied?" vra ek met 'n tikkie Pietertjie Uys in my kuiltjies.

"Ons hoef nie redes te gee nie. Ons het 'n anonieme brief met klagtes ontvang."

Ek haal my kopie van my brief uit en waai dit onder hulle neuse. "Julle bedoel hiérdie anonieme brief?"

Hulle kyk. Hulle hyg. Hulle gluur. "Waar het jy dit gekry?!"

Die elfjarige Pietertjie Uys kom te voorskyn, hande op die heupe en wenkbroue omhoog. "Ek het dit self geskryf! Wa-la-la-la-la!"

Ek vermoed my siening van die lewe is daar gevorm: 49% woede en 51% vermaak. Die energie en onverskrokkenheid van Die Ruimte het in die middel van die 1970's oorgewaai en ek is saam. Pa se kilheid was terug en buitendien wou ek nader aan Pretoria en my geliefde *fan club* wees. Ja, ek wou op die sensuurraad se voorstoep kak en dan aan die deur klop vir papier. Binne drie weke nadat *Die Van Aardes van Grootoor* by die Markteater in die Laager geopen het, is dit verbied. Mevrou Van Staden het weer 'n lys getik, maar ek het slim geword. Daar was dié keer niks vloekwoorde in die stuk nie, net goeie ou Afrikaanse woorde soos "naaimasjien" en "boerewors" wat net binne konteks onwelvoeglik is. Ek het ook 'n paar *faux* Afrikaanse woorde geskep wat vieslik klink, maar niks beteken nie soos "trawantgetras" en "genotskrots".

Nou kon ons bekostig om teen die verbod te appelleer. Die regbank was die einste sensuurraadslede wat die stuk verbied het en dit was nog 'n steek in die absurde laslappiekombers wat deur Boere-totalitarisme saamgeflans is. Daar was nie 'n glimlag te bespeur terwyl hulle deur die lys onwelvoeglikhede blaai nie. Die foto's van die Nasionale Party se eerste ministers in elke bedryf was onaanvaarbaar. Die feit dat die foto's van doktor Malan en minister PW Botha eintlik van my was, het hulle ontgaan. Toe kom dit by die "naai" in "naaimasjien" en die "wors" in "boerewors". Dit was moeilik om hulle te verbied sonder om te *show* saam met die *tell*.

Die kammavloekwoorde het nog voorgelê.

"Hierdie stuk is onwelvoeglik en onaanvaarbaar. Woorde soos 'genotskrots' . . ."

Ek was reg vir hulle, ge*suit* en ge*tie*.

"Die woord bestaan nie, Doktor. Ek het dit self geskep en net ek weet wat dit beteken."

Daar is 'n luide gesnak na asem deur verlepte ou longe.

"Wat beteken dit, meneer Uys?"

Meneer Uys kyk hulle vierkant in die oë.

"Ek sê niks."

Hulle konfereer, lek lippe, drink water, maak bril skoon en besluit: "Nou goed, u kan die woord terugkry. Maar, mannetjie, moet dit nie weer doen nie!"

Ek moet die Natte krediet gee. Dit was slim om sensuur te gebruik om die volk se aandag af te lei van die naakte realiteite van politieke skandes. Anti-apartheidsaktiviste soos Van Zyl Slabbert, Helen Suzman, Wimpie de Klerk, Athol Fugard en Nadine Gordimer het hulle uitgespreek teen die onderdrukking van my vrye spraak en reg om woorde soos "poep" en "kak" op bladsy twee van my drama te gebruik. Terwyl die blanke volk giggelend toekyk, aangehits deur koerantopskrifte, spotprente en vloekwoorde met veilige sterretjies, is ons soldate Suidwes-Afrika deur tot in Angola gestuur en het ouers hulle seuns verloor. 'n Bloedige burgeroorlog het in elke swart lokasie ontplof en kinders het spoorloos verdwyn. Intussen het ons Christenleier sy vinger vir ons geswaai en lippe gelek en ons sogenaamde parlementêre demokrasie in sy onwelvoeglike agterent opgedruk en het ek 'n nuwe f-woord ontdek: finansies.

Alles draai om geld. Dit kan wel snaaks wees as 'n toneelstuk verbied word, maar dan verloor die teater geld en moet dit sy deure sluit. Die kans dat die Markteater weer een van my toneelstukke sou opvoer, was dus skraal. Ek het twee dramas vir Mannie Manim gegee om te lees. Hy het gedink hulle was my beste nog.

"Wanneer kan ek begin?"

"Nee."

"Is daar iets verkeerd met die stukke?"

"Nee, Petrus Poephol [sy bynaam vir my], glad nie, maar ek kan dit nie opvoer nie. Jy weet wat gaan gebeur. Die een gaan oor sensuur, die ander oor 'n verhouding oor die kleurgrens. Verstaan jy?"

"Ja, Mannie, ek verstaan."

Ek het my Pietertjie Uys-glimlag geglimlag, maar binne my het die hel losgebars. Ek kon dit nie verstaan nie! Ek wou nie, want die gevaarlikste virus van almal het in my lewe ingekruip – selfsensuur. Daar sit ek toe in Melville sonder 'n inkomste in 'n gehuurde huis met my vet grys kat, Eschel. Soos sy naamgenoot, Eschel Rhoodie van Inligtingskandaal-faam, het hy ook nie na die witmenshemel bo die wolkies gegaan nie.

PW Botha verskyn op my swart-en-wit televisie en kondig die 1981-verkiesing aan.

"Suid-Afrika, *South Africa. Let me say this categorically and I repeat it with conviction: adapt or die!*"

Ek swaai my vinger: "*South Africa,* pas aan of vrek!"

Skielik lag Eschel en ek hoor weer Pa wat sê: "Maak hulle belaglik."

Dís wat ek gaan doen! Nie met nog 'n toneelstuk wat hulle kan verbied nie, maar 'n revue met satiriese sketse oor politieke karakters soos al daai Bothas en Piet Koornhof en Connie Mulder. Hulle kan tog nie hulself verbied nie. Ek gaan boonop 'n vrouekarakter skep, 'n regte Tannie wat lid is van die Nasionale Party en vas glo dat apartheid deur God aan ons gegee is. Ek sal haar speel in 'n rok, pruik, rooi lipstiffie en hoë hakke, want dit is teen die wet vir 'n man om vroueklere te dra. En wraggies, PW het my die titel gegee. *Adapt or Dye*.

As PW Botha, my brood en botter.

Londen 1989: My PW en Spitting Image *se Margaret Thatcher by* Two Dogs and Freedom, *'n anti-apartheidsgala vir die kinders van Suid-Afrika. Hulle Groot Krokodil se stem was maar goor en ek was dankbaar dat ek my PW-stem kon gebruik.*

Sensuur kan verlam, verhinder en vernietig, maar as dit iemand anders laat dink en iets nuuts laat voortbring, kan dit bevry. Nadat ek in 1973 by Die Ruimte nesgeskop het, het die Publikasieraad die meeste van my werk belet en my sodoende meer publisiteit besorg as wat ek ooit sou kon koop. Nou het die Nasionale regering my beste teksskrywers geword.

Ek was sedertdien nog nie weer werkloos nie. Ná amper veertig jaar voer ek nou die 2018-weergawe op in dieselfde formaat waar ek, vingeralleen op die verhoog, skrywer, regisseur en 'n hele parlement van mans, vroue en aanpasbares is. Maar my belangrikste rol is dié as verhoogbestuurder. Die res val vanself in plek.

1981: Adapt or Dye *open op 1 April (Gekkedag!) en gebruik nou nog dieselfde skeeloog-verhoogbestuurder.*

Ek pas aan en verkleur en is terug Markteater toe met my nuwe eenmanaanslag. Dié keer lag Mannie saam en daar speel ons laataand, elfuur in die nag, terwyl ons hoop dat die veiligheidspolisie óf dronk óf saam met die sensuurraad in die bed is. Ek het die *show* in 'n klein agterkamertjie in die Markteater voor 'n gehoor van 30 bekeerdes opgevoer. Dit, my eerste "eenmanrevue", kon maklik gekom en gegaan het sonder dat iemand notisie neem. Ek het in elk geval verwag dat ek en my lawwe karakters ná drie weke ons goedjies sal moet oppak.

1982: Ek ontvang die Three Leaf-toekenning (die voorloper van die Fleur du Cap-toekennings) van Janet Suzman, as beste akteur vir Adapt or Dye.

Die tyd was egter ryp vir *Adapt or Dye*. Teen April 1981 was die media en talle Suid-Afrikaners moeg van lag vir grappe. Hulle wou hulle teësit teen die absurditeite van afsonderlike ontwikkeling. Dus het ons op 'n toer deur die land gegaan en was selfs in Bloemfontein vir 'n vinnige, angstige heen-en-weertjie. Uiteindelik kom ons in Kaapstad aan, by die Baxter-konsertsaal met sy 638 sitplekke – en elkeen van daai sitplekke is elke aand vol, sewe aande 'n week, drie weke lank. My weeklikse inkomste van R20,50 het oornag in R15 000 verander. En Pa sê, "Pietie, kom huis toe!"

Besig om my gedaanteverwisseling te ondergaan.

Bo: 1980: Saam met Thoko Ntshinga en Tessa Uys in Uyscreams and Hot Chocolate Sauce. *Thoko was die sjokoladesous.*

Links: 1985: Evita Bezuidenhout en minister Piet Koornhof, wat as hulleself in die film Skating on Thin Uys *verskyn het.*

Oorkant: "Apartheid are dead!" Ek doen Piet op die verhoog en hy sit soms in die gehoor!

Weer is ek terug na Homesteadweg 10, Pinelands. Dit het verwaarloos, stowwerig en moeg gelyk. Pa het elke teesakkie 'n paar keer gebruik. Die dekgras het in bondels uit die dak geval.

"Dis die dêm eekhorinkies. Hulle doen dit aspris," sê Pa, "maar ek kan nie bekostig om dit reg te maak nie. En die kar is flenters en die kraan lek . . ."

Ek onderbreek die klaaglied van Jeremia. "Toemaar, Pa, ek sal vir die nuwe dak betaal, 'n nuwe kar koop en die kraan regmaak. Ek sal vir Pa 'n vliegtuigkaartjie na enige plek in die wêreld koop, maar as jy weer aangaan oor my vieslike liberale, kommunistiese, terroristiese gemors, vat ek my tjekboek iewers anders heen."

"Nee, bokkie," sê Pa, "*it's a deal.*"

Skielik was die een wat my altyd afgekraak het my grootste aanhanger.

Oom PW het my ook nie teleurgestel nie. Behalwe vir al die nuwe materiaal wat hy en sy regering my elke dag besorg het, het hy ook gesorg dat ek elke jaar 'n nuwe titel het vir 'n nuwe stuk van *Adapt or Dye* en *Total Onslaught* tot *Beyond the Rubicon*.

"Pieter-Dirk Uys? Hoekom lewe jy nog? As jy kastig so suksesvol was in jou stryd teen apartheid, waarom is jy nie dood nie?"

Lang vraag, kort antwoord. Ek is wit en aan die ander kant van die polities korrekte heining. Dit het my veiligheid verseker en ek het dit gebruik. In die 1980's was daar 'n onuitgesproke boikot teen alle teaters wat "slegs blankes" toelaat. Dit wil sê, teen alle teaters behalwe Die Ruimte en die Markteater. Nogtans moes ek hard werk om my bondgenote by die Markteater te oortuig dat ek my jongste aanslag teen afsonderlike ontwikkeling in die bek van die leeu móét opvoer, in die Staatsteater in Pretoria. Ek wou nie net voor die bekeerde Newtown speel nie, ek móés *Total Onslaught* Pretoria toe neem. Ek moes eenvoudig *Fiddler on the Roof* in die Neurenberg van 1933 opvoer.

Waarom het die politburo van kultuur my toegelaat om dit te doen? Wel, ek het 'n jaar vantevore by die teater ingeloer om hallo te sê vir die mense wat ek daar ken.

"Kan ek die operahuis bespreek vir Saterdag 15 Maart volgende jaar?"

"Jammer, *darling*, ons is vol bespreek vir Maart."

Vyftien maande vooruit? Ek vind uit wat die huur is en skryf 'n tjek uit vir die volle bedrag.

Hulle monde hang oop. "Wat is jy van plan om te doen?" vra hulle, tjek in die hand.

"Ag, sommer iets lekkers."

"Belowe? Iets moois?"

"Wat van 'n Tannie Evita-*show*?" koer ek.

"O ja, dis wonderlik!"

Ons het 'n *deal*. Vyftien maande later is ek terug met *Total Onslaught*. Lekker vir my, minder lekker vir die broeders, maar dis te laat – die tjek is gewissel.

Total Onslaught 1984. Dis die jaar waarin George Orwell se nagmerrieboek oor die mag van 'n totalitêre staat afspeel – en daar staan ek op die operaverhoog in die Staatsteater met my swerm satiriese ministers, adjunkministers, Natte, dose en Bothas. (Ná die vertoning het hulle 'n klip onder 'n stoel in ry D gekry. Dankie tog almal het so lekker gelag dat hulle vergeet het om die klip te gooi. Dit lê nou op my lessenaar soos 'n Nobelprys vir vrede.)

Die aand het geëindig met Tannie Evita wat, in haar pelsjas en pêrels, die hele gehoor nooi om buite voor die teater vir haar totsiens te waai,

1984: Tannie Evita seën haar bewonderaars voor die Staatsteater.

want sy's op pad na Libertas (nou Mahlamba Ndlopfu) waar die president op haar wag. Die wit Cadillac de Ville het reggestaan met die enjin wat sag spin, sitplekke wat met nagemaakte luiperdvel oorgetrek is en 'n sexy ontsnapte tronkvoël in 'n leëruniform as chauffeur. Die nommerplaat is e.VI.ta. Die oorgewig sekuriteitsmanne het voor in die ry gestaan vir haar handtekening.

Dit kan net in Suid-Afrika gebeur!

Die middag voor *Total Onslaught* by die Baxter in Kaapstad open, het ek nuwe materiaal geskryf oor die jongste gekhede en ek wou vinnig lekker warm bad voor ek teater toe gaan. Maar daar is nie warm water nie.

"Pa? Waar is die warm water?" gil ek by die trap af.

Hy sit en kyk TV op sy nuwe stel.

"Pa!"

"Ek het die geiser afgesit om geld te spaar," hoor ek van onder af.

Ek ontplof.

"Moenie my geld spaar nie! Ek het 'n openingsaand! *Damn it*, Pa!"

Hy verskyn aan die onderpunt van die trap met 'n verleë uitdrukking op sy gesig. Ek speel my Joan Crawford-kaart.

"Te hel daarmee! Ek gaan 'n kamer by die Mount Nelson-vyfsterhotel bespreek!"

Dít sal hom leer.

"O lekker," lag Pa. "Ek kom saam!"

Beyond the Rubicon, en ek is terug by die Baxter. Dis 1985 en sela – wit, bruin en swart mag wettig langs mekaar in die teater sit (maar nie in die bioskoop nie). Dit beteken Sannie en haar gesin mag in die gehoor gesien word en hoef nie meer meid en jong te speel nie, al die tyd aan die vryf en aan die vee sodat niemand snuf in die neus kry nie.

"Oppas as julle lag," waarsku ek. "Die veiligheidspolisie sal julle wit tande in die donker sien skitter."

"Ag, hulle se gatte! Ons haal onse tande uit," antwoord Sannie kalm.

Pa sit weer in E5. Maar daar is vier leë stoele in ry B. Ag nee, my grootste aanhangers, die ooms en tannies van die Publikasieraad, het nie opgedaag nie. Sannie-hulle is darem wettig daar.

By al my vertonings is Pa se gelag 'n groot aansporing vir die ander om saam te lag. Sy hoerlag, het hy dit genoem. Maar dié aand is hy ná vyf minute stil. Is Pa dood?

Toe ek by Homesteadweg 10 kom, sit hy my en inwag, glas wyn in die hand. Hy praat Engels; dis 'n baie slegte teken.

"Dash it, Pieter! Why do you always use those disgusting swear words?"

"Ag Pa, *the only swear words I use are a few old* Afrikaanse vloekwoorde. "Kak" en "poep" laat die boere tuis voel. Buitendien is daar nie so iets soos 'n Afrikaanse vloekwoord nie. Dis poësie – met twee dotjies op die e!"

Maar Pa wil nie bedaar nie.

"Elke keer wanneer jy vloek, dink mense ek het jou dié woorde geleer! Dis asof jy my binne vyf minute op die verhoog met die vinger in die oog steek. Ek is so kwaad, ek wil jou nie sien nie! Ek wil jou nie hoor nie! Waarom vat jy nie liewer jou vinger en kielie my agter die oor nie? Wanneer ek dan glimlag en omdraai om te kyk wat my so lekker laat kry, sal my oog vanself jou vinger vind!"

Jislaaik, is dit my pa wat so praat? Ja! Vind ander maniere om iets te sê. Onverwagse maniere. Verrassende maniere. Slim maniere.

"Ja, bokkie. Laat my lag vir die dinge waaraan ek nie eens wil dink nie!"

Dankie, Pa!

Sannie het nie geskroom om ná elke vertoning die krediet vir al die vloekwoorde te vat nie.

"Hali-ha, die Boere het vanaand almal in hulle broeke gekak!"

Ek het nooit uitgevind waarom Sannie so skielik by ons weg is nie. Ek onthou wel die middag.

Ek het ná skool by die huis gekom en dadelik geweet iets is fout.

Waar is Sannie? Ek klop aan die kombuisdeur, ek kyk in haar kamer. Sannie is nêrens nie. Niemand praat nie. Pa en Ma sê niks. Hoekom? Wat het ek verkeerd gedoen? Nou is dit egter duidelik – 'n sjarmante, wêreldwyse bruin vrou uit Athlone en 'n egoïstiese Afrikanerman van die Paarl, elkeen vasgevang in hulle afsonderlike ontwikkeling – sy vat nie kak van 'n Boer nie en hy vat nie kak van 'n meid nie. Finish en klaar. (Vandag sou ek 'n swerm *hashtags* hiervoor nodig gehad het!)

Maar Sannie het nie weggebly nie. Ná ses maande se treur, sien ek haar in die straat voor die hek.

"Sannie!"

"Hello, darling," roep sy en verdwyn.

Drie maande later is daar 'n klop aan die agterdeur. Dis Sannie.

"Is Master hier?"

Gelukkig nie. Sannie kom in en drink tee.

So het dit maande en jare lank gegaan – Sannie het ons besoek sonder dat Pa weet. Ma, Tessa en ek het dié kuiers verskriklik geniet, om saam met haar te kan lag en gesels oor dinge wat Pa nie sou geduld het nie. Eers was ons in die kombuis, sy met die piering in die een hand en koppie in die ander en die pinkie in die lug, en uiteindelik by die eetkamertafel waar elkeen van ons gesit het met 'n stuk van Ma se *Marmorkuchen*.

"Oe, mêdem, wat 'n lekker koek! *Considering you baked it.*"

Toe hou ons 'n verjaardagpartytjie vir Sannie in die sitkamer met nog koek en tee, geskenke en gelag, en daar loop Master onverwags by die deur in.

Al vier Uyse was amper dood van die skok, maar Sannie het kalm omgedraai met 'n: "Hallo, Master. Net betyds vir 'n lekker stukkie *birthday cake*. Sit."

En wraggies, hy gaan sit. Oom Hannes die *gentleman,* al het sy suur gesig baie soos Pa s'n gelyk.

"Nog tee, Master?"

"Dankie, Sannie."

"Melk, Master?"

"Dankie, Sannie."

"Suiker, Master?"

"Drie soos gewoonlik, Sannie."

"Liewer net twee . . ."

Toe sit sy agteroor op die bank en vertel vir ons stories oor haar familie en hulle lewe in Athlone, daardie plek wat 'n miljoen myl van Pinelands af is, want ons word geskei deur 'n heining, 'n treinspoor en apartheid.

En toe kom Sannie terug.

1990 was die jaar toe almal huis toe gekom het: Nelson Mandela, Sannie, ek – en Pa, ná 'n groot operasie in Groote Schuur-hospitaal wat heeltemal onnodig was. Hy het jare reeds 'n pasaangeër gehad wat goed gewerk en by Pa bygehou het. Toe hoor hy van 'n nuwe *pacemaker*, wat nóg beter is en 200 jaar hou. Ja-nee, Pa wil een hê. Hulle sit toe die nuwe een in en haal die oue uit, maar los die draadjies in – en septisemie neem oor.

Die dokter was radeloos. "Ek moet die drade uit sy hart uithaal. Die septisemie is giftig. Maar dis 'n waagstuk. Jou pa is 80."

"Dokter, jy ken nie vir Pa soos Pa vir Pa ken nie. As hy sê doen dit, dan doen jy dit. Hy weet altyd beter."

Die operasie is gedoen en Pa het oorleef en teruggekom na Sonskyn, kleiner, swak en hulpeloos. Tessa kom van Londen af en ek kom van Johannesburg af om vir Pa te sorg. Ons was amper weer 'n gesin. Maar Tessa het konserte wat wag in Londen en ek het 'n nuwe toneelstuk by die Markteater. Hoe kan ons Pa alleen laat?

"Nee, bokkie, gaan terug werk toe. Ons het 'n nuwe grasdak nodig. Ek is *fine*."

"*Fine*? Jy't 'n helse operasie gehad!"

"Nee wat, dis net hooikoors. Gee my 'n glas water."

Ek bel vir Tessa in Londen. Wat moet ek doen?

"Waar is Sannie?" vra sy.

Ek bel. Sannie se eerste woorde: "Jy't my *birthday* vergeet!" Hoe kon ek? Ons verjaar op dieselfde dag, 28 September.

"Sannie, ons het jou nodig."

"*Okay, darling,* ek is op pad."

Ek gaan gee vir Pa die goeie nuus. Hy lê op sy rug met sy oë toe. Miskien moet ek hom terg en sê hy lyk soos Greta Garbo in *Camille*. Dit het hom gister amper laat lag.

"Pa, ek het iemand gekry om na jou te kyk."

Pa sug diep. "Wat sal dit help? 'n Vreemdeling sal my rot en kaal besteel."

"Nee, Pa. Sannie kom terug."

Nou is sy oë wawyd oop, ysblou en wakker.

"Sannie? Hier? Leef sy nog?"

"Ja, Pa, sy kom vir jou sorg."

Ek hoor hoe hy dink. "Ja-nee, bokkie, dis goed. Sy sal nie steel nie."

"Nee, sy sal nie steel nie."

"Maar sy sal elke aand moet huis toe gaan en wie gaan in die nag vir my sorg?"

"Nee, Pa, sy gaan hier slaap."

"O," sê Pa, "dis baie goed. Gaan haal die tuinslang en grassnyer uit die buitekamer uit en sit weer haar bed daarin."

"Nee, Pa, sy gaan nie in die ou bediendekamer slaap nie. Sy gaan in my kamer hier reg langs joune slaap sodat sy kan hoor as jy in die nag iets nodig het."

Donker drake verskyn in sy ysblou blik.

"Maar is sy sterk genoeg om by die trappe op en af te klim om die buitetoilet te gebruik?"

Hy gee nie op nie.

"Nee Pa, sy gaan nie die buitetoilet gebruik nie. Sy gaan ons toilet en ons badkamer deel, want Sannie is hier om vir jou te sorg. Soos een van die familie."

Links: Ant' Sannie.

Onder: Sannie ontmoet een van my Darling-katte, maar hy is beslis nie haar Kitty nie.

So het Sannie teruggekeer, die beskermengel van Homesteadweg 10, Pinelands, en by hom gebly, 24 uur 'n dag, 7 dae 'n week. Altyd met deernis, altyd met respek; met pille, humor, liefde en dissipline. Sy het by Master gebly tot die einde en daarna, om my deur die nuwe stilte te help.

Sy bel terwyl ek in Durban is vir 'n seisoen by die Playhouse.

"Hy beweeg nie. Hy sit net daar. Kyk nie eens meer TV nie. Ek probeer om hom te kry om na my *serials* te kyk, maar nee. Die dokter sê ons moet hom laat *move*, beweeg, iets."

Nie een van ons voorstelle sou werk nie. Hy was teen dié tyd te swak om winkel toe te stap. Selfs om by die trappe op en af te klim was 'n gedoente. Toe kry Sannie 'n idee: "'n Hond," sê sy. "Kry vir hom 'n hondjie."

Al probleem is dat ons katmense is, al het Boeboe in sy sestiende jaar uiteindelik besluit om muis-engele te gaan molesteer en was Homesteadweg 10 katloos. Ons het nog nooit 'n hond gehad nie, behalwe ou Roger. Hy was 'n Ierse setter wat aan die mense onder in die straat behoort het, maar dolverlief op Sannie was. Roger het ure lank voor die kombuisdeur gesit en haar met verlepte ogies aangestaar. Boeboe het dié besigheid van die kantlyn af aangegluur. Maar ons eie hond kry? Een van my vriende in Durban het die probleem opgelos met 'n klein wit Malteser.

Die reis Sonskyn toe, eers per motor Johannesburg toe en van daar af met die Bloutrein Kaapstad toe, was materiaal vir 'n televisiekomedie. Op die trein moes ek die klein pofrot in 'n mandjie wegsteek, want dit was teen die reëls om diere in die kompartement te hou.

Met ons aankoms op Kaapstad se stasie het die kondukteur aan die deur geklop. "Dagsê, ek kom kyk na Tannie Evita se Rottweiler!"

Skynbaar het almal geweet van die klein monster. Uitendelik is ek by Homesteadweg 10 met my blaffende geskenk. Sannie wag my by die voordeur in.

"Nie goed nie," fluister sy oor Pa se toestand.

Sy sien die dingetjie in die mandjie wat nuuskierig na haar loer. "Dis goed, baie goed."

In die sitkamer sit Pa in sy stoel. Die TV is aan, maar die klank is af.

"*Happy birthday*, Pa," sê ek, want sy verjaardag was 'n paar dae vantevore, 9 Desember.

Hy knik met 'n sug.

"Ek het vir jou 'n present gebring."

Dit help 'n bietjie. Ek neem die mandjie by Sannie en sit dit op die tapyt neer. Die klein wit wolpop spring uit en kyk op na Pa, sy ogies soos twee swart rosyntjies. Pa staar in ongeloof terug; sy oë is nie meer ysblou nie, maar grys en dof.

"Wat is dit?"

"Master, dis 'n hondjie. 'n Maltesie," sê Sannie en glimlag om haar goedkeuring te wys.

"'n Hond?"

Hannes Uys en hond staar mekaar aan. Pa kyk eerste weg.

"Maar dit lyk nes 'n kat!"

Net daar kry die stofpoepertjie sy naam: Kitty. Asof hy dit geoefen het, waggel die nuwe familielid tot by Pa se voete en piepie op sy pantoffel.

"Die klein donner!" hyg Hannes Uys, nou reg vir baklei. Met Sannie se hulp sukkel hy uit die stoel op, kyk af na waar Kitty sit en stip en opgetoë na hom kyk.

"Jy pie nie weer in my huis nie. Kom!"

Hy skuifel tot by die voordeur en die hondjie volg tot in die voortuin. Kitty het nooit weer in die huis gepie nie, want Pa was daar om te sorg dat hy betyds uitgaan.

Toe Tessa 'n paar weke later op 24 Desember terugkom uit Londen, te laat om haar pa nog 'n drukkie te gee, was Kitty daar sodat ons iemand gehad het om te druk. Van toe af het daardie gediertetjie ons lewe regeer asof hy weet watter gemis ons voel. Tessa het 'n speelding vir hom gekoop, 'n bruin hondpop wat groter as hy was. Dit het deel geword van die berugte kabaret waarin Kitty Uys, gewoonlik daar waar niemand dit kon miskyk nie, sy maatjie manjifiek genaai het.

Sonder Pa was die huis 'n ander plek. Ten minste was Sannie terug in haar kombuis met al haar reëls en regulasies. "Klop as jy wil inkom. Wag vir my om vir jou in te nooi!"

Kitty net reg vir sy kabaret sodra sy ma hom los.

Ek met Kitty, Sannie met haar pêrels, Tessa en Naomi Matlokotsi wat die loket by Evita se Perron hanteer, in haar Tannie Evita t-hemp.

Op 'n dag is ek haastig en my karsleutels lê in die kombuis.

"Sannie, maak oop!"

"Wag, ek is besig."

"*Damn it*, Sannie, ek is laat!"

"Ek ook! Wag!"

Jissis, in mý huis!

Uiteindelik hoor ek, "*Okay, darling*, jy kan inkom."

Ek maak die deur oop en steek in my spore vas. Daar staan Sannie – opge*dress* in 'n grys pakkie met 'n baadjie en *skirt*, *matching* skoene en handsak, nuwe doek en die pêreloorbelle en -halssnoer wat Ma haar destyds vir haar verjaardag gegee het.

"Sannie? Gaan jy na 'n troue toe?"

"Nei man, ek is opge*dress* om iets te doen wat ek nog nooit vantevore gedoen het nie. Ek gaan vir die eerste keer *vote*!"

27 April 1994. Sannie en ek gaan saam in die NG kerksaal in Pinelands stem. Ek help haar in die kar in.

"Ag, asseblief, *darling*, voor jy kerksaal toe ry, tel eers vir ant Leen op. Sy soek 'n *lift*." Ant Leen is Sannie se beste vriendin en werk in haar kombuis 'n ent verder af in Homesteadweg. Sy wag al op die sypaadjie, ook opgetof in 'n hoed en handskoene, soos die koninginmoeder wat op haar chauffeur wag.

By die kerksaal gekom, parkeer ons. Die legendariese reënboogmense wat die hele wêreld betower het, staan reeds in toue. Sannie gaan staan geskok.

"En waar's onse *queue*? Daar staan mevrou Van Zyl met haar Bella. Sies, maar daai meid word vet! En dokter Bruwer met daardie dronk *garden boy*? Saam? Wat gaan hier aan?"

"Sannie, dis die nuwe Suid-Afrika! Een *queue* vir almal!"

Sannie trek haar neus op en gee 'n uitgerekte sug. "Oe hali-ha, dit gaan'ie werk'ie."

Ons gaan staan in die tou en skuifel-skuifel vorentoe. Skielik gee ant Leen 'n wanhoopskreet.

"O, God, ek het my tande vergeet!"

"Is oukei, ant Leen," probeer ek help. "Jy het nie tande nodig om te stem nie."

Sannie kyk my met minagting aan. "Toemaar Leentjie," fluister sy, "jy kan myne kry."

So het Sannie ingegaan om te stem en toe sy uitkom, gee sy ewe nonchalant haar tande onderlangs vir ant Leen. En daar gaan trek ant Leen haar kruisie met 'n spierwit glimlag omdat sy vir die Nasionale Party gestem het.

Wat 'n dag! Ek dink Sannie het my deur die jare geleer om óór die vrees en politiek wat ons afgekamp het, te kyk en gehelp om minder slegs-blank te wees. Nadat ek die twee nuwe landsburgers weer by hulle kombuise afgelaai het, is ek terug na die kerksaal en het ek op die sypaadjie gesit en kyk na die wonderwerk wat besig was om voor my te gebeur. Sjoe, ons het wragtig daarmee weggekom! Ons is nou 'n demokrasie vir almal. Ek sien twee vroue in die tou, die een wit, die ander nie. Albei is swanger en streel mekaar se boepmae waaruit twee klein *born frees* sal voortkom en grootword sonder die tekens van afsonderlike ontwikkeling oral in hulle lewe.

Verbeel jou hulle is albei jare later, sê nou maar in 2018, jong studente aan een van die uitstekende universiteite waarvoor Suid-Afrika bekend is, nadat hulle gematrikuleer het in een van die wêreld se beste onderwysstelsels, want daar is geen rede waarom dit nie so kan wees nie. Ons het mos nou 'n kans om voor te begin en alles reg te doen. Ons weet nou hoe maklik korrupsie 'n land kan verrinneweer en afbreek en sal nie toelaat dat dit weer gebeur nie.

Almal gaan huise met water en elektrisiteit en binnetoilette hê en sal oral veilig wees. Ons gaan beskerm word deur 'n Grondwet wat ons almal uit ons koppe ken sodat geen derderangse politikus ons met vierderangse leuens om die bos kan lei nie. Ons gaan vol hoop en optimisme wees, want ons het 'n tweede kans gekry om ons drome te laat waar word. Welkom, vryheid van spraak! En totsiens fokken (met 'n f) sensuurraad!

Wat nou? Niks meer sensuur nie? "Hel, ek gaan my *PR department* mis," mompel ek en 'n paar mense lag.

"Pieter-Dirk Uys, wie dink jy is jy?"

"Ek weet wie ek is!"

"Probeer jy snaaks wees?"

"Ja! Maar nie nou nie. Pa is dood."

Vier-en-tagtig is 84, maar ek het nooit gedink Pa is oud nie. Hy was nie. Die bloedvergiftiging het hom geklop, dis al.

Alles was reg daardie dag, 23 Desember 1990. Tessa sou die volgende oggend uit Londen arriveer, betyds om Oukersaand saam Kersfees te vier, soos altyd. *Unsere alte Deutsche Weihnachten*, soos toe Ma nog daar was om alles perfek te maak. Die groen Kersboompie was wel daar met die silwer lametta wat Ma altyd gebruik het. Ook die houtengeltjies met hulle musiekinstrumente wat sy uit Oostenryk se winkels bymekaargemaak het. Sannie se *Pfefferkuchen* was so goed soos Ma s'n en is versigtig aan die takke gehang. Die presente het reggelê onder die boom.

Net Pa was nie reg nie. Hy't kouer en kouer gekry en ophou beweeg. Sannie het nog komberse oor hom gegooi . . . 'n serp, handskoene. Hy't na asem gehyg en gehoes en na niks gekyk nie. Ek bel die dokter. Hy was reeds op pad. Toe eers vind ek uit dat hy Pa al maande lank twee keer 'n week besoek en gereël het dat Pa een keer 'n week Groote Schuur toe gaan vir behandeling. Pa het hom laat belowe dat hy niks vir my of Tessa sal sê nie. Pa wou seker wees dat hy dié Kersfees saam met Pieter en Tessa sou vier, as 'n gesin.

"Mister Uys," sê die dokter saggies, "Pieter is hier. Waarom bring hy jou nie vir die nag Groote Schuur toe nie? Dan voel jy môre beter en uitgerus om saam met jou gesin Kersfees te vier?"

Pa hyg, hoes en stem in. Sannie pak sy oornagkoffertjie. Ek help hom tot in die kar, maak hom warm toe met 'n kombersie oor sy bene. Sy Tiroolse hoedjie is op sy kop, soos altyd. Ons ry agteruit tot in die straat; Sannie staan in haar pantoffels by die hek en waai.

"Bye . . ."

Pa kyk na Homesteadweg 10, Pinelands, die grasdakhuis wat hy Sonskyn genoem het. Sy stem is 'n sagte fluister.

"Bokkie, dis my einde."

Ek is yskoud van skok. Ek hoor my stem wat in die perfekte dramaskool-Engels sê: *"Don't worry, darling, we all love you."*

Noël Coward sou my 'n welverdiende klap gegee het.

Groote Schuur was nie ver nie; net om die draai, maar die rit het soos 'n ewigheid gevoel. Pa het begin huil. Of nee, dit was sagte snikke wat uit die bondeltjie mens in die sitplek langs my gekom het. Onlangs het Hannes Uys nog die stoel volgesit met sy persoonlikheid en ego en lag en praat. Toe ons by die saal op die tweede verdieping kom, staan almal en wag, verpleegsters en dokters. Opgewonde, want oom Hannes is terug. Hulle is mal oor oom Hannes. Voor my oë word Pa skielik tien jaar jonger. Weg is al die simptome, die gehoes en gehyg, en daar verskyn oom Hannes, reg om te *entertain*. Sy stem is helder soos toe hy my jare gelede uitgetrap het omdat ek nie die tuin reg natmaak nie.

"Hallo, suster Bosman! Dokter Steyn, hoe gaan dit met jou dogtertjie se klavierlesse? Ja, dit is my seun. Hy tree ook soms op die verhoog op."

Ek is verleë en voel soos die chauffeur wat soms in die stort sing.

"Pa, is alles oukei?"

"Ja, Pietie. Onthou nou – Tessa land môre om elfuur. Moenie laat wees nie. Sien julle om die Kersboom."

En daar gaan oom Hannes, omring deur sy *fans,* na die enkelkamer wat hulle vir hom hou, want vanaand gaan hulle soos altyd lekker saam met oom Hannes lag terwyl sy seun, Pietertjie, teruggaan Sonskyn toe.

Die volgende oggend agtuur lui die foon.

"Kom nou!"

"Ja, maar . . ."

"Nie maar nie! Nou!"

Ek loop by Sannie se kombuis in sonder om te klop.

"Kom. Iets is verkeerd."

"Ek het nog my slippers aan . . ."

"Toemaar, Pa sal nie sien nie."

Ons is by die hospitaal, in die hyser, af by die gang tot in die saal. Dit lyk heeltemal anders. Die verpleegsters is in trane. Almal is gespanne. Ek weet wat voorlê. Die suster kom na ons toe.

"Kom gou . . ."

Ons gaan die enkelkamer binne. Pa lê op sy rug. Ek neem sy hand. Ek kyk na sy gesig. Sy oë is toe. Gaan hy iets sê?

"Pa? Ek is hier."

Dis die een oomblik in my lewe wat ek nie gaan wegkyk nie. Skielik druk hy my hand, so hard dat dit voel of my vingers gaan breek. Dan is dit verby. Hy's weg. Daar's niks. Dis asof Pa deur 'n oop deur na 'n ander vertrek gestap het waar iemand op hom wag en ons met die *props* en kostuums gelaat het. Ons pak op wat oorbly en gaan terug Sonskyn toe. Pietertjie Uys sonder sy pa, maar met ant Sannie.

Alles voel asof dit in stadige aksie gebeur. Elke klank weerklink. Helder kleure lyk grys tussen die swart en wit. Ek staan in die musiekkamer langs Ma se Blüthner uit Berlyn, omring deur die note van

Die hartklop van ons gesin. In 1930 het Helga Bassel, pas 32, 'n tweedehandse klavier by Hans Rhebok en Kie. gekoop. Hierdie Blüthner Flügel No. 9910 het 2 350 Reichsmark gekos. 'n Jaar later het sy by die Hochschule für Musik in Berlyn haar studie voltooi en aangesluit by die uitsoek-musiekvereniging, die Tonkünstlerverband, wat onder die Nazi-regime die Reichsmusikkammer geword het.

Mozart en Schumann, Schubert, Scarlatti, Brahms en Liszt. Daar is 'n vaal kring op die blinkswart deksel waar ek my glas rooiwyn neersit wanneer ek teen die klavier leun en my dialoog skryf – 'n nuwe bedryf in 'n nuwe toneelstuk.

Nou is ek die slottoneel in 'n lang drama.

Die vertrek is ons gesin se binnekamer en ek is omring deur die weerklank van die baie dinge wat besonders was. Daardie permanente klankbaan van melodieë is altyd in my kop. Bladmusiek lê in hopies op die rakke – vir stem, viool, klavier – en alles is soos altyd deurmekaar. Niks is nuut nie. Almal is gevou, gefrommel en verweer deur herhaalde gebruik en word nou slegs deur Tessa op haar af-en-toe-besoeke gespeel. Al die ou bekendes wie se gerusstellende geraas ek soggens, smiddae en saans gehoor het, lê langs reisbybels, speurverhale, Hollywood-biografieë en lywige kuns- en naslaanboeke op die rakke wat van die vloer strek tot teen die balke wat die boonste verdieping dra. Dáár is die slaapkamers waar Pietertjie en Tessatjie vas geslaap het, gesus deur die beste slaappille – Mozart, Schumann, Schubert, Scarlatti, Brahms, Liszt en die ander apostels, die Valiums van ons kinderdae.

My minder "beskaafde" vriende is ook daar, die stel Tarzan-boeke deur Edgar Rice Burroughs. Dis 'n antieke versameling sagtebandboekies wat Pa in die 1950's gekoop het, elk met 'n geverfde kleurportret van die held op die voorblad. Ek het, voor ek hertogin Angelique ontmoet het, *Tarzan the Magnificent* se omslag disnis gekyk na Tarzan, half kaal met 'n klein stukkie luiperdvel om net die belangrikste dele en met bruin oë wat in myne boor. Dit was sekerlik die eerste kykie in wat later 'n kaleidoskoop van wulpse fantasieë sou word.

Die toorkrag van 'n Uys-Kersfees is oral. Die reuk van die denneboom, opgefop as Kersboom in sy Eurosentriese majesteit wat afwagtend in die hoek skitter, vul die lug. Ek ruik die *Pfefferkuchen* wat aan die takke hang, seker dieselfde aroma wat Ma en Oma Bassel teruggevoer het na vorige Kersfeeste in Neue Kantstrasse 16, Charlottenburg,

Berlyn. Op die tapyt, waar hy hulle gelos het, lê Pa se pantoffels. Al wat ek kan dink, is hoekom het ek Pa nie meer uitgevra oor sy lewe nie? Hoekom het ek hom nie meer uitgevra oor Ma se lewe nie? Hoekom was alles altyd net oor my lewe? Hoe is dit moontlik dat ek meer weet van Sophia Loren se gesin as van my eie familie? Dan hoor ek sy stem duidelik: "As iets verskrikliks gebeur, gryp die boonste laai en hardloop na die bure!"

Ek loop na Pa se lessenaar in die sitkamer en trek die boonste laai stadig oop. Daar lê al ons hoogtepunte netjies gesorteer: briewe, kunswedstrydsertifikate, 'n BA(Drama)-sertifikaat, foto's waarop ons almal stralend staan – sommige uit fokus – hier, daar en ver weg geneem, in die tuin, op 'n plaas, langs 'n graf. Bo-op alles lê 'n koevert waarop staan: "Vir Pieter, ná my afsterwe." Binne-in is sy potloodbriefie. Ek maak dit oop en lees die onseker skrif.

"Pieter my seun, as jy hierdie brief lees, is ek dood. Nou doen jy die volgende."

En daar volg sy lys van alles wat gedoen moet word om sy lewe met waardigheid af te sluit. Al die deurmekaardinge wat dringend aandag nodig het tussen die trane en hartseer deur. Pa het alles vir my maklik gemaak.

"Bel die begrafnisondernemers en praat met mnr. Oberholzer. Hulle is Human & Pitt. [Ek lag vir die wonderlike ironie van dié twee name: *human* en *pit*.] Bel vir Tannie Anna." Dan die assuransies, die boedel, die Maggie Laubser, die Hugo Naudé, die dit en die dat.

Ná 'n paar uur is alles finish en klaar. Dankie, Pa, vir die grootste les van my lewe: Vul jou laai. Maak jou lys. Moenie 'n gemors agterlaat nie. Trek die ketting voor jy gaan.

Een van die laaste kere wat ek en Sannie saamgekuier het, was in 2004 toe ek haar vir 'n naweek Darling toe genooi het. Om die huis reg te kry was 'n produksie. Jy sou sweer dis Sophia wat kom. Alles moes perfek wees.

"Nee, Sannie hou nie van pienk blomme nie. Gaan soek wittes. Ja, sy verkies 'n Dunlop-*pillow* want sy kry hooikoors van vere. Nee, sy hou nie van vis nie."

Ek wil haar Yzerfontein toe neem sodat ons saam op die strand kan stap, miskien in 'n boot op die see gaan en kyk vir 'n walvis wat 'n baba gehad het. Dan na Evita se Perron waar ek 'n *show* vir haar wil doen. Maar die eetkamer was die hoogtepunt. Ek het self al die silwer goeters en kristalglase skoongemaak, die goed wat Sannie in Sonskyn moes versorg. Ek sou persoonlik die etes bedien met een van haar geliefkoosde disse met elke ete. Ook die spaghetti bolognese uit Sophia se kookbook. Ja, alles moes perfek wees. Ek wou hê dat Sannie trots op my en my lewe moet wees en moet sien hoeveel ek by haar geleer het deur die jare se lag en streng reëls en regulasies.

Ek het vriende gevra om haar met hulle nuwe Jaguar in Athlone te gaan haal sodat sy *in style* Darling toe kan ry.

Ek staan in die straat en wag. Die luukse motor gly stil om die hoek en hou stil. Ek maak die agterdeur oop. Daar sit Sannie met haar doek op, pak klere, pêrels en alles. Sy is bedonnerd.

"Nei, sies! Die twee ry soos mal mense! Oor die *speed limit*! Ons kon almal dood gewees het! En hulle rook in die bleddie kar. En ek het êsma, ek kan nie asemhaal nie!" Hoes, hoes, proes, proes.

Dis 'n helse manier om die naweek te begin. My twee geskokte vriende is so benoud dat hulle van hulle eie kar af weghol. Ek haak by Sannie in en ons loop versigtig oor die straat en op by die drie trappies na die oop voordeur. In die gang gaan staan sy.

"*Darling*? Waar's die teevee?"

"In die TV-kamer, Sannie."

"Ja, ek wil nie my *serials* mis nie."

Sy loop na die televisiekamer en gaan sit op die sofa waar sy die hele drie dae bly. Te hel met Yzerfontein, die walvis se baba, die *show* by Evita se Perron en die eetkamer met die kristal en silwer.

"Ag, nei man, *darling*," sê sy met haar bril skeef op haar gesig, "ek kyk mos nou 'n nuwe episode. Het julle nie *trays* nie? Bring my kos op 'n *tray*. En nie wyn nie. Het jy *ginger ale*?"

Elke maaltyd eet ons op 'n skinkbord voor die televisie. Ek eet saam met Sannie, kaalvoet in 'n kortbroek, soos in die ou dae, terwyl ons ons *serials* volg. 'n Paar maande later vra die familie of ek 'n paar woorde by haar begrafnis sal sê. Ek wou graag, maar wou nie inmeng nie. Hulle't gelag.

"Hoe kan jy nou dit sê? Onse Mammie het altyd van jou gepraat as haar *favourite child*."

Ek het toe nooit 'n stoomtreindrywer geword nie, maar het my eie spoorwegstasie in Darling, *darling*. Ek het nie 'n NG dominee geword sodat ek elke jaar 'n gratis motor kan kry en direk hemel toe gaan nie. Dis nie nodig om 'n dominee te wees daarvoor nie, net 'n lid van die ANC. Ek het nooit 'n onderwyser geword nie, want die verhoog het my gekaap. Nou is dit lewenslange tronkstraf sonder parool. Soos Noël Coward sou sê: *"My dear, he knows nothing about anything, and everything about something."*

Pa se lessenaar staan in my huis op Darling. Elke keer as ek dit oopmaak en diep inasem, is ek terug in Homesteadweg 10, Pinelands, met die skerp reuk van die grasdak wat gesorg het dat ek jaarin en jaaruit hooikoors gehad het. Ek is weer aan die snuffel en snuif in die boeke, die derduisende stories wat teen die mure gestapel is, elkeen deur Pa gelees en vir my gebêre, met die hartklop van die lewe en avontuur tussen die blaaie – en nog hooikoors. Dan was daar Old Spice, Pa se geliefkoosde *aftershave,* wat gemaak het dat ek én hy elke dag nies en nies en nies.

Dit was die perfekte Kerspresent. Een jaar was die botteltjie Old Spice blink toegedraai met 'n kaartjie wat lees: "Vir Pa, van Pieter." Die volgende jaar was dit weer daar: "Vir Pietie, van Pa." So het die botteltjie rondomtalie gespeel tot vandag toe. Die blink pakkie lê nou onder my Kersboompie op Darling. Verlede jaar was dit: "Vir Pietie, van Pa." Elke keer as ek dit oopmaak en die Old Spice ruik, weet ek – Hannes Uys is in die huis. (Die hooikoors het ek gelukkig ontgroei.)

Hoe sal ek dié weergawe van my storie afsluit? Met die verhoogopvoering was dit voor die hand liggend – met die sagte krap en suis van 'n ou langspeelplaat. Dis die laaste *cue*. Die weerklank is amper verby. Die engelstem van klein Pietertjie Uys vul die teater met 'n gewyde liedjie in Afrikaans. Hy sit op die hoë stoeltjie en lyk baie ingenome.

"Uiteindelik het ek 'n langbroek! Nou sal my stem móét breek! Ek het ook die nuutste Angelique by die biblioteek uitgeneem. Nou het ek almal gelees, twee keer: *Angelique, Angelique and the King, Angelique and the Sultan, Angelique in Revolt* en nou *Angelique in Love*. Sophia is weer hierdie week op *Stage & Cinema* se voorblad. Oor twaalf dae is ek 14 jaar oud. Ek weet nie wat dan gaan gebeur nie. As ek . . ."

Die seun hou op met praat. Hy luister.

"Waar is Pa?"

Wat het hy gehoor? Hy kyk versigtig rond en roep saggies. "Pa?"

"Pa!" 'n Bietjie harder.

Dan trek hy sy asem vinnig in en glimlag stadig – hy het 'n idee gekry. Pietertjie Uys leun vorentoe en kom effens nader aan sy gehoor.

"Miskien . . . miskien, as ek net 'n geraas maak . . ."

In die verte begin koorsang en word harder soos die plan in sy gedagtes vorm kry.

"Evita, Evita, Evita . . ."

Hy hou 'n lipstiffie in sy hand.

"Evita, Evita, Evita . . ."

Hy sit lipstiffie aan en het nou 'n groot, rooi mond.

"Evita, Evita, Evita . . ."

Hy glimlag die bekende glimlag van die persoon wat eendag 'n ander onwerklike werklikheid in sy lewe sal word.

". . . Evita Bezuidenhout!"

Die weerklink van my wanklank is verby. Die ligte verdoof tot donker. Die gety kom vinnig in.

Die weerklink van 'n wanklank is stil. Die verhoogligte verdoof tot donker.

Pieter en Sophia

Uitloopmusiek tydens die eindtitels

Tessa se avonture op die klavier weerspieël in talle opsigte die ondervindings van die kinders wat na Homesteadweg 10, Pinelands, gekom het vir klavierlesse by tannie Helga of oom Hannes. Ek ontmoet dikwels betraande middeljarige mans en vroue wat met liefde praat van meneer Uys en met dank vir alles wat hy gedoen het by die musiekdepartement van Groote Schuur Hoërskool waar hy musikant was nadat hy die gevangenis van die Kaapse Provinsiale Administrasie verlaat het. Ek is vir ewig en altyd die hoofseun van St Cyprian's, die meisieskool waar Helga Bassel haar eerste voltydse werk gekry het nadat sy uit Berlyn in Kaapstad aangekom het.

Toe filmmaker Willem Oelofsen voorstel dat ons 'n dokumentêre reis deur my lewe neem (*Nobody's Died Laughing*), wou hy 'n lys van mense hê om vir kommentaar te kontak. Ek het al my geliefdes en getroues se name neergeskryf.

"Wat van Sophia?"

Die volgende Sondag het ek en sy oudergewoonte gesels. Dit was soos gewoonlik ná vier die middag. My landlynfoon lui en die antwoordmasjien neem oor: *'I am not here. Please leave a message.'*

Daar kom haar stem, helder.

"*Hello, Pieter, I know you're there. This is Sophia.*"

Ek vertel haar toe van die mal plan vir 'n dokkie. Sy gee haar bekende laggie.

"*I want to be in you film.*"

Wat? Regtig? Sophia Loren wil in my ou filmpie wees?

"*Of course,*" dring sy aan, "*I am you best friend.*"

En sy is.

Ons vlieg toe Genève toe, 'n driemanspan insluitend regisseur Willem. En Sophia is in die film.

Die middag voor ons die onderhoud met Sophia op film sou verewig, is ek na haar woonstel en het ons mekaar omhels, ná baie jare van gesels, maar nie sien nie. Vir 'n paar uur het ons gesels oor ons lewe – die lief en leed, soet en suur. Haar onlangse rolprentwerk en my nuutste revue; haar kleinkinders en my katte.

Die volgende oggend kom sy by die vyfsterhotel aan waar ons die sessie gaan hou. Miskien moet ek liewer sê die filmgodin Sophia Loren het uit die *limousine* geklim, soos in Hollywood, in Rome, by Cannes. Ons driemanskap sal daardie oomblik nooit vergeet nie. Sy't in die suite ingestap, haarself aan elkeen voorgestel en hulle toegelaat om hulle werk te doen – ligte, klank, kamera, aksie! Terwyl ek eenkant staan en dit bekyk, kon ek net vir Pietertjie Uys in 1958 sien, besig om die foto uit die *Stage & Cinema* te knip.

In die 1980's het Tessa ek-lief-Loren-koors by my aangesteek en CD's van haar klavieruitvoerings vir Sophia gestuur sodat sy en haar seuns daarna kan luister. (Carlo, die oudste, is vandag 'n internasionaal bekende dirigent en het in 2015 in Kaapstad saam met die filharmoniese orkes opgetree. Een van die stukke wat uitgevoer is, was Prokofiev se *Pieter en die Wolf* met Evita Bezuidenhout as verteller. Ek was baie versigtig om te sorg dat die bekendste wit vrou in Suid-Afrika nie te veel na die dirigent se wêreldberoemde ma lyk nie.)

Ma se Blüthner is nie meer in Pinelands nie. Tessa het Homesteadweg 10 verkoop en blykbaar het die nuwe eienaars dit vernuwe en verfraai in 'n moderne weergawe van Bloemfontein-barok. Die Uyse se vingerafdrukke is nie meer daar nie. Ook nie Amadeus nie.

'n Paar jaar gelede was Tessa op 'n persoonlike ontdekkingsreis in Berlyn. Vriende het haar na die legendariese Joodse Museum geneem waar sy die kurator ontmoet het. Toe hy hoor dat haar Joodse moeder in Charlottenburg gewoon het, wys hy haar 'n voorstelling van 'n tipiese woonstel van 'n Joodse gesin in Charlottenburg in die 1930's. Sy het geskok baie van die meubels herken. Dit het soos die meubels in ons huis gelyk, die erfenis wat die Bassel-gesin destyds Kaap toe gebring het.

"Maar waar is die klavier?" vra sy. "Elke Joodse gesin het 'n klavier gehad."

Die museum kon nog nie een opspoor nie.

"Ek het 'n Blüthner uit Charlottenburg in Homesteadweg 10, Pinelands. Wil julle dit terugbring Berlyn toe? Na die museum toe?"

Die klavier is nou deel van die permanente uitstalling. Op die muur langs die klavier is 'n foto van Helga Bassel waar sy in die woonstel in Neue Kantstrasse daarop speel. Ek kry wekliks SMS'e: "Ek is by jou ma se klavier. Haar storie is so 'n inspirasie. Ook die wete dat musiek genees en inspireer."

Tessa woon in Londen waar sy gelukkig is en haar musiek beoefen, klasgee en konserte en operas bywoon. Op 31 Oktober 2004 het sy in Berlyn 'n tuiskomskonsert gegee op Ma se Blüthner wat ná 68 jaar terug was in sy tuisdorp. Sy't onder meer Robert Schumann se Arabeske in C majeur, Opus 18 gespeel, die stuk waarmee Helga Bassel op 20 Oktober 1931 haar debuut op die verhoog in Duitsland gemaak

Tessa gee 'n uitvoering in die Joodse Museum in Berlyn op Ma se Blüthner wat nou permanent daar woon. (Foto: Andreas Franke)

het. Ek het 'n ook 'n paar opvoerings daar gehou, sonder om 'n noot te speel. Ek het teen die klavier geleun, soos toe ek dit as skryftafel gebruik het, en my rekwisiete uit sy binneste te voorskyn gebring: Desmond Tutu, Madiba, PW Botha en Evita Bezuidenhout. 'n Seksie van *Nobody's Died Laughing* is juis daar verfilm, langs die klavier. As ek nou Marlene Dietrich se lied sing, gebruik ek my eie woorde: *"Ich hab noch einen Blüthner in Berlin."*

Dekades ná my ouers se dood het ek vir die eerste keer die moed om vrae te vra en antwoorde te soek. Ek is bly die weerklink van my wanklanke het my die kans gegee om my storie te vertel. Ek waardeer die bevryding en groot verligting om nie meer deur middel van satire te hoef vasklou aan elke politieke skande nie. Miskien is dit iets wat net kom wanneer jy 'n sekere ouderdom bereik, nie noodwendig in jare nie, maar in ondervinding.

Ná my Groot Trek op haar spore uit 'n stad in Duitsland na die suidelikste punt van 'n donker kontinent, na die Bolandse hitte van 'n grasdakhuis in 'n wit woonbuurt, hoor ek steeds die eggo's van verwyt en spyt: Waarom het ek haar so min uitgevra oor so baie? Foto's wat jare lank vergete gelê het in vet fotoalbums en dik koeverte met pienk lint daarom gedraai, herinner my hoe min ek weet en hoe baie ek nooit raakgesien het nie. Ek besef dat die dood en rampe die groot rooi wegwysers is wat die lewe in 'n radikaal ander rigting kan stuur, maar dit is die kleintjies – dié wat jy kan ignoreer as jy wil – wat die grootste invloed op my persoonlike *long walk to freedom* gehad het. 'n Ma wat haar bang kinders twee roomyse elk belowe om teleurstelling te versag sonder om ooit die woord "verloor" te gebruik; 'n pa wat sê dat dit beter is om iemand agter die oor te kielie sodat die waarheid hom laat huil van die lag; 'n filmster wat tyd maak om 'n persoonlike briefie te skryf aan 'n jong bewonderaar in verre Afrika met die twee woorde wat sy lewe vir ewig verander: "Wees braaf." Dan was daar 27 April 1995, toe ek my eerste Vryheidsdag wou vier met 'n besoek aan McGregor in die Overberg, maar die verkeerde afdraai geneem het. Ek beland toe in die Swartland. (Dis soos om vir China te mik en in Brasilië te land.) Ná amper 'n kwarteeu op Darling, vier ek dit as die beste fout van my lewe.

Die woord "fout" se reputasie is onverdiend. Onsukses moet met dieselfde respek as sukses behandel word. "Mislukking" is 'n goor woord, want dit klink so finaal. Ek weet nou dat my suksesse net moontlik is danksy die baie onsuksesse. Twee roomyse in plaas van een het meer gedoen as help om die bitter pil te sluk. Ek is nou ouer as wat Ma met haar dood was, maar diep binne my hoop Pietertjie Uys steeds dat hy een van die dae 'n langbroek sal kan dra. Nou weet hy egter dat die antwoord dalk nie in 'n broek se sakke te vinde is nie. Soos Oprah sou sê: *"The disease to please is cured."* Danksy die jare en my reis deur al die onthou van my lewe, gee ek nie meer om wat mense dink van die geraas wat ek maak nie. Dis oukei. Hulle is welkom om eerder na die rumoer en geraas wat oor en oor op televisie herhaal word te kyk. Dis oukei. Pietertjie Uys is oud genoeg om te sê: "Skattie? Gaan kak!"

Ek speel nie meer met my Dinky Toys nie, maar hou van hulle reg ingeval ek eendag dalk weer tyd kry.

Daar sal altyd katte wees.

Lig aan die einde van 'n krom tonnel

Baie van die sielswoede wat in die 1980's in my satiriese aanslag uitgebars het, het nie outomaties suutjies verdwyn met die koms van demokrasie nie. Ek gebruik nou "agterlosig" en "slordig" om ons demokraties verkose regering te beskryf. Dis 'n geweldige aantyging dat hulle geweet het wat om te doen, maar nie getraak was nie. Die apartheidsregering het mense doodgemaak; die demokratiese regering laat hulle doodgaan.

Die vigs-ontkenning en weersprekings van Thabo Mbeki se regime het amptelik 380 000 mense onnodig laat sterf. Ons 56% werklose jongmense dui op nog groter verwaarlosing. Die nabye toekoms, wanneer 50 miljoen Suid-Afrikaners nie toegerus is vir werk nie, skep 'n spookbeeld van 'n bloedige Mad Max-film wat ek nie wil sien nie.

Om rassisme satiries te beveg, moet 'n spieël soms voor rassisme gehou word om 'n generasie oudblankes, oud-Kleurlinge, oudswartes en oud-Indiërs te oorreed dat sekere woorde wat mekaar met minagting beskryf, wat in 'n vorige lewe lustig heen en weer gespoeg is, nie meer die bal op die kommunikasieveld kan wees nie. Die Afrikaanse k-woord hoort by die Amerikaanse n-woord en 'n swetterjoel letters met koppeltekens om mense te beskerm, nie teen gewere, koeëls of bomme nie, maar teen medeklinkers en werkwoorde.

Haatspraak het die oorkoepelende sonde geword vir 'n magdom oortredings en uitsprake. Die gebruik van koppeltekenvloeke word swaar beboet. Die debat oor tronkstraf vir verkondigers van haatspraak duur voort, ondanks die feit dat gevangenes dikwels hulle meestersgraad in rassisme juis in die tronk behaal.

Wanneer ek na die ure se filmmateriaal van my vertonings in die 1970's kyk, is ek oortuig dat 'n argief die beste plek daarvoor is. Ek het van die hoogtepunte op YouTube geplaas, meer vir die humor as die politieke eggo. *Adapt or Dye* is daar in sy geheel, want dit vind steeds groot aanklank by baie kykers wat dit destyds gesien het en jong mense wat dit vandag ontdek. Dis belangrik om die absurditeite van gister af te speel teen die dodelike mallighede wat vandag as normaal aanvaar word. Dalk is dit weer dieselfde ou storie, of hoe?

Maar soos die verskillende revues in die donker ontwikkel en in die lig na vore gekom het voor dit weer na die skemer teruggetrek het, voel ek dat die meeste jonger kykers nie die ironie van geskiedenis verstaan nie. Te veel dinge kan nou maklik as rassisties geïnterpreteer word, en om goeie rede, want dit handel oor rassisme in sy suksesvolste vorm: Afrikaner- nasionale sosialisme wat slim vermom is as wit, Christen-eenpartydemokrasie. En politieke korrektheid? Ek sal altyd polities inkorrek wees – vir te lank in my lewe was apartheid polities korrek.

Die verskil tussen komedie en humor word daagliks duideliker. Komedie is die grap wat jy onthou en oorvertel. Dis 'n klein, selfstandige aria. Humor, aan die ander kant, is selde snaaks. Dis hoogs persoonlik. Elkeen van ons het 'n unieke sin vir humor, soos 'n vingerafdruk. Deur vir jou vrese te lag maak jy daardie vrese minder vreeslik. Stel jou voor jy stap 'n vertrek binne en jou beste vriend spring agter die deur uit met 'n "Boe!" Jy skrik jou melk weg. Dan sien jy dis jou beste vriend en lag van verligting. Dis die ha-ha in humor. Maar as jy wegkyk van jou vrees, wat ons instinktief doen, word daardie vrees groter en erger. As jy weer sien, oorskadu dit jou drome en laat die bang jou wegkwyn. Maar as jy dit in die oë kyk en wys wie's baas, as jy dit 'n naam gee, sal dit nooit groter as jy wees nie. En iets wat lewensgevaarlik is? O ja, dit kan jou steeds doodmaak, maar dan sal jy die ding sien kom sodat jy vinnig opsy kan spring.

In dié eeu van tegnologiese toordery waar 'n Wolk 'n biljoen geheime kan hou, waar kinderlike woorde soos Google, WhatsApp en Twitter die name van kitskommunikasie geword het, is op 'n verhoog staan en 'n storie vertel 'n rare en dikwels gevaarlike besigheid. Maar soos die afgelope tweeduisend jaar, bly dit besonders en onvergeetlik. Dis iets wat lewend is. Dis nie in 'n blikkie, op 'n skyf of 'n App nie. Dit kan nie teruggespeel of weer gekyk word nie. Dit leef slegs as 'n herinnering en inspirasie in die gedagtes van elkeen in die gehoor soos elk dit op sy manier onthou. Selfs dié wat niks verstaan het nie, sal hopelik altyd die opwinding onthou.

"Vertel ons, Pieter-Dirk Uys, as jy terugkyk oor jou lewe as *entertainer*, wat het jy nou eintlik gedoen? En hou dit kort, want ons moet breek vir advertensies."

Die *entertainer* kyk met 'n sweempie van 'n Pietertjie Uys-glimlag na die kamera.

"Ek bou sandkastele met laagwater."

Opgedra aan nog 'n ou pel

Dis in 'n gehawende boksie met 'n vernielde leerhandvatsel wat gemaklik in die hand pas. Die boks het 'n vreemde vorm – die deksel loop skuins na voor. Op 'n plaatjie net langs die handvatsel vasgeskroef, is 'n vrou se naam gegraveer: Helga Bassel. My ma het in 1937 dié Underwood-tikmasjien uit Berlyn gebring, saam met haar koffers en klavier.

Die klein tikmasjien het altyd op dieselfde plek in ons huis gestaan, te hoog om by te kom toe ek klein was. Ek het gebrand om met my vingers op daardie sleutels te druk. Op my sesde verjaarsdag, miskien as 'n present, is ek toegelaat om 'n vel papier daarin te sit en het stadig getik: "PIeTeruYs wazHere."

Ek het die ou Underwood saamgeneem toe ek in Januarie 1969 met die Union Castle-skip Londen toe is om verder te studeer. Een aand het ek in die ysige koue Engelse winter in die kombuis sonder verhitting van die woonstel in Kilburn gesit en met een vinger 'n brief aan 'n vriend in Kaapstad getik. As 'n grap het ek dit in die vorm van 'n toneelstuk geskryf. Dit het my eerste drama *Faces in the Wall* geword, sonder dat ek dit beplan of daarvoor gevra het. Die klein Berlynse Underwood het my verbaas – dit was baie maklik en opwindend om daarop te klik, klik, pieng. Die woorde het uit my vingers op die papier gevloei. En nog woorde, sinne, paragrawe – snaaks en suur, luid

en stil – bladsye vol, van bo tot onder. Tik, tik. Skielik kom alles tot 'n einde met die woorde "The EnD".

Alles is toe, soos vandag, met twee vingers getik. Ek doen dit net nie meer op die Underwood nie, nou is dit Windows 10. Maar die skewe boksie met die vernielde handvatsel sal altyd langs my lessenaar staan. Onder die deksel klop die hartjie steeds. Klik, klik, pieng.

Wie laaste lag

PIeTeruYS wazHere

THe EnD

Erkennings en bedankings

Hierdie boek het begin as 'n projek van Missing Ink, 'n onafhanklike uitgewery wat my roman *Panorama* in 2013 die lig laat sien het. *Weerklink van 'n wanklank* het, met die verhoogmonoloë as kapstok, uit 'n vloedgolf herinneringe, stories, ervaringe en karakters ontwikkel, 'n vloedgolf waaraan 'n 90-minuut lange verhoogopvoering nie reg kon laat geskied nie.

Eerstens wil ek Marga Stoffer van NB-Uitgewers bedank, wat die boek in die rigting van Erika Oosthuysen by Tafelberg gestuur het. Ek saluer Erika as die kaptein van die skip. Op die reis vanaf die oorspronklike idee tot met die eerste geredigeerde weergawe as 'n Missing Ink-manuskrip was Erla Rabe die perfekte klankbord, met sterk tweede opinies deur Amanda Botha en Peets Wolfaardt.

Stefan Hurter was my gids deur die warboel foto's, skyfies en kiekies – sommige digitaal; die meerderheid vergeel – en het die samestelling maklik gemaak. Hy het ook die omslagportrette geneem. Ek het nie die name van die meeste van die ander fotograwe nie. Van die foto's het my pa met sy kosbare Leica geneem. Ander was Brownie-kiekies wat vriende en familie deur die jare geneem het.

Brian Astbury het die meeste van die foto's uit my dramaskooljare geneem en die kontakafdrukstrokies kom uit sy ateljee in Langstraat, geneem tussen professionele fotosessies met ware ikone, modelle en legendes deur. Brian, sy vrou, Yvonne Bryceland, en hul Ruimte-teater het aan my die beste alfabet vir oorlewing verskaf waarop ek ooit kon hoop – met gille en giggels. Ek is hier om hulle te bedank.

Dan saluer ek vir Benny Gool vir sy legendariese 1994-foto van mev. Bezuidenhout en mnr. Mandela wat saamlag. Ruphin Coudyzer se lens het talle oomblikke van my lewe in Johannesburg in die tagtigerjare by die Markteater vasgevang. Pat Bromilow-Downing het die karakterportrette geneem wat soveel van my teaterwerk in die negentigerjare by die Baxter in Kaapstad weerspieël. Hulle foto's word in die boek gebruik met hul toestemming; kopiereg berus by hulle.

En laastens, aan Gus Ferguson, dankie dat ek jou spotprent kon insluit. Ek probeer al vir jare 'n Pieter-Dirk Uys-nabootsing vervolmaak.

As iemand wat vanaf die ouderdom van nege aan 'n Oscar-aanvaardingstoespraak oefen, laat my afsluit met: Ek wil net vir almal orals dankie sê vir alles.

PIETER-DIRK UYS
Darling
Augustus 2018

Oor die skrywer

PIETER-DIRK UYS is in 1945 in Kaapstad gebore en werk sedert die middel 1960's in teater – lank genoeg dat 'n mens dit nou al 'n loopbaan kan noem. Sedert die vroeë 1970's is hy amptelik werkloos, maar hy bly tóg besig as skrywer, regisseur, akteur, vervaardiger en omtrent elke ander denkbare ding, insluitend die ontwerp en dra van talle tabberds.

Uys het 20 toneelstukke en meer as 30 revues en eenpersoon opvoerings geskryf en aangebied, in Suid-Afrika en oorsee – in die Verenigde Koninkryk, Denemarke, Nederland, Duitsland, Switserland, Amerika, Australië en Kanada. Die opvoering wat met hierdie boek saamgaan, ook *The Echo of a Noise*, is in Suid-Afrika, Londen en Berlyn opgevoer. Uys se mees onlangse revue, *When in Doubt, Say Darling*, was in 2017 en 2018 op die planke. Sy opvoering van *Foreign Aids* by La Mama in New York het in 2004 'n Obie-toekenning gewen. Pieter-Dirk Uys is ook aangewys as die Suid-Afrikaanse Nasionale Kunstefees op Grahamstad se eerste Kunsikoon in 2015.

As Evita Bezuidenhout het Uys onderhoude gevoer met Suid-Afrika se nuwe leierskap ná die 1994-demokratiese verkiesing in die M-Net-reeks *Funigalore* – onder andere Nelson Mandela, Cyril Ramaphosa, Frene Ginwala, Joe Slovo en Pik Botha.

Uys is sedert die laat 1970's op televisie te sien in 'n verskeidenheid van programme. In 2007 het SABC2 *Dinner with the President* uitgesaai, 'n geselsprogram van 13 episodes met Evita Bezuidenhout as aanbieder. Ter ere van Evita se 80ste verjaarsdag het KykNET 'n spesiale program, *Kyk net vir Tannie*, gemaak en uitgesaai.

Uys het al talle boeke in verskeie genres geskryf, beide fiksie en niefiksie – soms in samewerking met Evita, natuurlik. Hy is dol oor kosmaak en sy oeuvre sluit twee topverkoper kookboeke in, met behulp van spookskrywer Linda Vicquery. In 2018 ontvang Uys die mees gesogte toekenning vir Afrikaanse letterkunde, die Hertzogprys vir Drama.

Hy het deur die jare ook talle ander toekennings ontvang, insluitend Suid-Afrika se Waarheid-en-versoeningsprys. Hy het eregrade van Rhodes-universiteit (DLittHon, 1997), die Universiteit van Kaapstad (DLittHon, 2003), die Universiteit van Wes-Kaapland (DEduHon, 2003), die Universiteit van die Witwatersrand (DLittHon, 2004) en die Universiteit van KwaZulu-Natal (DLittHonCausa, 2014). Pieter-Dirk Uys se alter ego, Evita Bezuidenhout, het trots die Living Legacy 2000-toekenning ontvang in San Diego, VSA.

In 2011 is Uys by die Berlynse Internasionale Filmfees met 'n Teddytoekenning vir sy leeftydprestasie bekroon; in 2012 het hy beide die FW de Klerk Welwillendheidstoekenning en die German-Africa-toekenning ontvang; en in 2016 kry hy die ACT Theatre Lifetime Achievement-toekenning.

Sedert 2000 reis Pieter-Dirk Uys regdeur Suid-Afrika met 'n gratis opvoering wat gehore oor MIV/vigs opvoed. Talle skoolkinders het al *For Facts Sake!* bygewoon, en dis ook in sowel tronke as verbeteringskole opgevoer. Uys het ook video's uitgereik wat bydra tot kennis en opvoeding oor HIV/vigs.

In 2016 is *Nobody's Died Laughing* uitgereik, 'n dokumentêre film oor Uys se lewe, loopbaan en sy betekenis vir Suid-Afrika. Willem Oelofsen het die regie behartig, en onder die bekendes wat in dié dokkie verskyn, tel Charlize Theron, Sophia Loren, FW de Klerk, Desmond Tutu, Zapiro, Thoko Ntshinga, David Kramer, Dame Janet Suzman en Zolani Mahola. Die prent is met lof ontvang en het 'n Golden Horn-toekenning vir die beste dokumentêre film gewen.

Evita se Perron, Pieter-Dirk Uys se kabaretteater en restaurant op Darling, waar hy woon, vier in 2018 sy 22ste bestaansjaar. Die lokaal, wat Uys uit die ou Darling-stasie omskep het, is bekend vir sy satiriese tuin, Boerassic Park, en is die domein van Evita Bezuidenhout, die "bekendste wit vrou in Suid-Afrika". Die unieke museum/nauseum van apartheid-memorabilia, wat die waansin van die verlede weerspieël, is waarskynlik die enigste satiriese uitstalling van Suid-Afrika se onlangse verlede. Die Evita se Perron-kanaal op YouTube (https://www.youtube.com/user/EvitaSePerron) bied die program *Evita's Free Speech* aan met weeklikse uitsendings oor landsake en die stand van die wêreld.

www.pdu.co.za
http://evita.co.za/
@TannieEvita

In die koffer onder my bed

TONEELSTUKKE
1969 *Faces in the Wall*
1973 *Popcorn*
1974 *Pity about People*
    Selle ou storie
    Snowhite and the Special Branch
1975 *God's Forgotten*
    Karnaval
1976 *Black Beauty and the BOSS*
    Skote!
1977 *The Rise and Fall of the First Empress Bonaparte*
    Paradise is Closing Down
    Die Van Aardes van Grootoor
1981 *Hell is for Whites Only*
1982 *Appassionata*
1983 *Farce about Uys*
1987 *Panorama*
    Cry Freemandela: The Movie
1989 *Just like Home*
    Scorched Earth
1992 *Die vleiroos*
1996 *Tannie Evita praat kaktus*
1997 *Ouma Ossewania praat vuil*
    No Space on Long Street
1998 *Going Down Gorgeous*
    Noël and Marlene
2003 *Auditioning Angels*
2004 *Same Old Storie*
2009 *Macbeki*
2012 *The Merry Wives of Zuma*
2015 *African Times*
    The Echo of a Noise
    Die Van Aardes van Grootoor: The Musical
    Stukke teater (gebundelde toneelstukke)

REVUES
1974 *Just Hilda*
1975 *Strike up the Banned*
1979 *Info Scandals*
1980 *Uyscreams from the Wimpy Archipelago*
     Uyscreams with Hot Chocolate Sauce
1981 *Adapt or Dye*
1984 *Total Onslaught*
1986 *Beyond the Rubicon*
1987 *Rearranging the Deckchairs on the SA Bothatanic*
1990 *A Kiss on Your Koeksister*
     An Audience with Evita Bezuidenhout
1991 *Süd-Afrika in Farbe*
1992 *Stand Up South Africa*
     An Evening with Pieter-Dirk Uys
1993 *The Poggenpoel Sisters*
     An Audience with an African Queen
     Negerküsse
1994 *One Man One Volt*
1995 *Bambi Sings the F.A.K. Songs*
     You ANC Nothing Yet
1996 *Truth Omissions*
1997 *Live from Boerassic Park*
1998 *Bambi's Xmas Kêrels*
1999 *Dekaffirnated*
2000 *Concentration Camp*
     For Fact's Sake
     Symbols of Sex and State
2001 *Foreign Aids*
2004 *The End Is Naai*
2005 *Icons and Aikonas*
2006 *Hello Darling*
2007 *Evita for President*
2008 *Elections and Erections*
2010 *Desperate First Ladies*
     FIFA-Fo-Fum
     F.A.K. Songs and Other Struggle Anthems
2011 *Adapt or Fly*
2012 *An Audience with Pieter-Dirk EISH*
     PDU in Cabaret

2013 *50 Shades of Bambi*
    And Then There Was Madiba
2014 *Evita and Co.*
2015 *A Part Hate – A Part Love*
    Never Too Naked
2017 *Evita Bezuidenhout and the Kaktus of Separate Development*
2018 *When in Doubt Say Darling*

ROMANS EN MEMOIRES
1986 *No One's Died Laughing*
1987 *PW Botha in His Own Words*
1990 *A Part Hate – A Part Love*
1991 *Een Leven Apart*
1992 *Jezus in Johannesburg*
1997 *The Essential Evita Bezuidenhout*
2001 *Trekking to Teema*
2002 *Elections and Erections: A Memoir of Fear and Fun*
2005 *Between the Devil and the Deep: A Memoir of Acting and Reacting*
2011 *Evita's Blackberrie*
    Never Too Naked
2013 *Panorama*

KOOKBOEKE (MET LINDA VICQUERY)
2010 *Evita se Kossie Sikelela*
2012 *Evita se Bossie Sikelela*

DOKUMENTÊRE, SPEELFILMS EN TELEVISIE
1985 *Skating on Thin Uys*
1986 *Across the Rubicon*
    An Uys up My Sleeve
1989 *Bite the Ballot*
    Evita's Indaba
    Evita's Last Decade
1991 *Message to Major*
1994 *Evita's Funigalore*
2000 *Evita: Live and Dangerous*
2002 *Having Sex with Pieter-Dirk Uys* (MIV/vigs-opvoeding)
2003 *Survival Aids* (MIV/vigs-opvoeding)
2004 *It's Just a Small Prick* (MIV/vigs-opvoeding)
    The Comedy Trek

2006 *Blast from the Past*
2007 *Dinner with the President*
    Darling: The Pieter-Dirk Uys Story
2015 *Kyk net vir Tannie*
2017 *Nobody's Died Laughing*

AANLYN
2015+ *Evita's Free Speech* Sondae op YouTube; Maandae op *The Daily Maverick*

www.ingramcontent.com/pod-product-compliance
Lightning Source LLC
Chambersburg PA
CBHW031320160426
43196CB00007B/591